NACH INNEN HÖREN

Lee Coit

NACH INNEN HÖREN

Anleitung
zum Wahrnehmen der
inneren Stimme

Titel der englischen Originalausgabe
Listening
Copyright © 1985 Lee Coit

Copyright © 1988 der deutschen Ausgabe
Greuthof Verlag und Vertrieb GmbH · Gutach i.Br.
Alle Rechte vorbehalten

Abdruck von Teilen aus *Ein Kurs in Wundern*® © 1994
Ein Kurs in Wundern® und *A Course in Miracles*®
sind als Marke eingetragen.

Übersetzt von Matthias Schossig
Umschlagfoto: Simon, Monterey CA
Gestaltung: Simon

8   10   11   9   7
ISBN 3-923662-11-4
Druck und Bindung: Freiburger Graphische Betriebe
Gedruckt auf chlorfrei gebleichtem Papier
Printed in Germany

Einzelexemplare dieses Buches können ganz einfach direkt
vom Greuthof Verlag bezogen werden. Kurzer Anruf genügt:
Tel. 0 76 81 - 60 25, Fax 0 76 81 - 60 27 oder per Post bei

Greuthof Verlag und Vertrieb GmbH
Herrenweg 2
D 79261 Gutach i.Br.

Gerne senden wir Ihnen unser aktuelles Gesamtverzeichnis,
auf Wunsch auch Informationen zu *Ein Kurs in Wundern*.

Inhalt

Vorwort

Das Hören einer inneren Stimme wurde bisher zumeist im Bereich der Mystik des Fernen Ostens angesiedelt und wird in der Hektik unserer westlichen Zivilisation als etwas höchst Überflüssiges betrachtet. Man ist der Meinung, daß die Begegnung mit der inneren Stimme zwar in den Rahmen eines kontemplativen Lebens paßt, daß ein solches aber nur in Tempeln, Klöstern und Ashrams gelebt werden kann. In unserem westlichen Kulturkreis stehen im allgemeinen nur diejenigen Menschen einer solchen Idee aufgeschlossen gegenüber, die sich mit übersinnlichen Phänomenen oder ähnlichem beschäftigten.

In dem vorliegenden kleinen Buch wird nun ausgeführt, daß wir uns nicht erst in ein fernes Kloster begeben müssen, um die Quelle der Wahrheit zu finden, sondern daß wir sie bei uns selbst, in unseren eigenen Gedanken, in unserer Fähigkeit des Staunens finden können. Lee Coit nimmt unserer inneren Stimme den Schleier des Rätselhaften und macht auf diese Weise in jedem von uns etwas Göttliches erkennbar. Indem er Erkenntnishilfen für unsere eigene höhere Natur bietet, hilft er uns, das permanente Flimmern und Rauschen unserer hektischen Gedankenwelt auszublenden.

Auf den ersten Blick mag das phantastisch erscheinen, aber es funktioniert. Ich selbst habe während der vergangenen zwei Jahre mit Lee eine Vielzahl gemeinsamer Projekte unternommen, von einer »Forgiveness Day Celebration«, die er im Kongreßzentrum von Anaheim in Kalifornien leitete, über mehrere Konferenzen bis zur Planung und Errichtung eines »Retreat Centers« im Riverside County, im südlichen Kalifornien, um nur einige zu nennen. Dabei verdankten wir ihm stets die führende Hand, die Inspiration und den beruhigenden Einfluß. Sein »Hören« auf die innere Stimme ist für alle, die ihn kennen, ein leuchtendes Beispiel, das er in seinem alltäglichen Leben vorlebt. Sein Mut, seine seelische Stärke, seine Vorstellungskraft, sein schöpferischer Geist und sein Vertrauen waren für uns alle, die wir uns glücklich schätzen dürfen, zu seinen Freunden zu zählen, eine stete Quelle der Kraft.

Wir wurden, sicher auch durch seinen Einfluß, ermutigt, selbst zu »hören«, und haben unsere innere Stimme entdeckt. Den meisten von uns hatte bereits »Ein Kurs in Wundern«* geholfen, eine Verbindung zu ihrer inneren Stimme aufzunehmen, aber Lee war es, der uns anregte und inspirierte, weiterzumachen. Dadurch konnten wir uns über unsere »Offenbarungen« austauschen, die uns in Form von Musik, Poesie,

---

* Erschienen im Greuthof Verlag Herbst 1994.

künstlerischen Ausdrucksformen und alltäglichen Erfahrungen zuteil wurden.

Wir alle sind eingeladen, die Techniken und Übungen, die in diesem Buch beschrieben sind, anzuwenden. Wir können damit lernen, unsere liebevolle innere Stimme zu erkennen, auf sie zu hören und dabei die Seite von uns, die immer zum vorschnellen Urteilen neigt, einmal links liegenzulassen. Wir können lernen, den Quell der Freude, der in uns wartet, anzuzapfen. Wir können von der »Checkliste« (Kapitel 6) Gebrauch machen, um unser Hören zu überprüfen, und von den »Zehn Ratschlägen zum besseren Hören« (Kapitel 4), um in uns hineinzuhorchen. Dies alles benötigt keine langen Zeiten der Kontemplation, sondern kann erlebt werden, während wir arbeiten, Auto fahren, gehen, essen – oder meditieren. Unsere innere Stimme ist immer »auf Sendung«.

Frohes Hören!   Dwayne Copp

Danksagung

Dieses Buch ist meinen Freunden gewidmet, die mich mit Unterstützung und Liebe durch mein Leben begleiten. In dem Maße, wie sich mein Bewußtsein für die innere Stimme steigert, wächst auch die Wertschätzung für meine Freunde, die oftmals eine lebendige Verkörperung des Geführtwerdens durch meine innere Stimme für mich darstellen. Dieses Buch wurde durch diese Freunde, die für mich wie eine Familie sind, ermöglicht.

Zwei von ihnen möchte ich ausdrücklich erwähnen: Dwayne und Alma Copp, die mir neben ihrer Unterstützung und Ermutigung ungezählte Stunden des Redigierens und Umformulierens des Textes zur Verfügung stellten. Sie brachten das Chaos meiner Notizen in eine zusammenhängende Form. Aus Platzgründen wäre es gar nicht möglich, alle anderen aufzuzählen, daher möchte ich zunächst einmal euch allen zusammen danksagen, bis ich mich bei jedem einzelnen bedanken kann.

Öffne deinen Geist
dem Teil deines Wesens,
der ständig
mit deiner allerhöchsten Ausdrucksform
in Berührung steht.

Einführung

Lieber Leser!
Dieses Buch ist aus vielen Jahren des Suchens heraus entstanden. Das Ergebnis meiner Suche ist die Entdeckung, daß ich durch eine innere Stimme geführt werde, die ein integraler Bestandteil meines Wesens ist. Heute bin ich davon überzeugt, daß meine innere Stimme schon immer bei mir war und mich auch schon immer geleitet hat, unabhängig davon, ob mir das bewußt war oder nicht. Die Folge dieser Führung bestand letztlich darin, daß ich inneren Frieden, innere Freude und Zufriedenheit gefunden habe. Jahrelang hatte für mich das Leben scheinbar aus nichts anderem bestanden als aus lauter unzusammenhängenden Erfahrungen. Nun sehe ich es mit neuen Augen als einen einheitlichen Pfad, der zur Selbstfindung führt und auf dem jeder Schritt den nächsten vorbereitet. Es scheint mir heute fast unbegreiflich, daß ich erst jetzt diese wunderbare Logik in meinem Leben entdecke, obwohl ich in der Vergangenheit doch stets eine große Menge von Energie darauf verwendet hatte, die Bestandteile meines Lebens zu einem einheitlichen Ganzen zusammenzufügen.

Um an einen Punkt zu kommen, an dem ich innerlich zufrieden sein konnte, mußte ich zuerst einmal durch eine Menge Streß gehen. Erst als ich mein Geschäft verkauft hatte und meine ganze Energie auf die Suche nach einem Sinn und nach wirklichem Glück verwenden konnte, nahm das Puzzlespiel meines Lebens erkennbare Formen an. Nicht jeder muß solch einschneidende Schritte unternehmen, und ich hege die Hoffnung, daß meine Erfahrungen dem Leser dabei helfen werden, seine eigene innere Stimme auf leichtere Weise zu finden. Es war meine Absicht, dieses Material so nützlich und praxisnah wie möglich zu gestalten.

Ein wichtiger Wendepunkt auf meiner Suche war die Entdeckung von »Ein Kurs in Wundern«. Dieses umfangreiche Werk beinhaltet einen einjährigen Selbstlehrkurs, mit dessen Hilfe wir lernen können, unsere eigene innere Stimme zu entdecken und auf sie zu hören. Viele Begriffe, die ich verwende, werden dem Leser, der mit »Ein Kurs in Wundern« vertraut ist, geläufig sein.

Für diejenigen, die nicht damit vertraut sind, sei hier angemerkt, daß die Terminologie, die darin Verwendung findet, der westlichen christlichen Tradition entstammt. Der »Kurs« wurde von einer Person niedergeschrieben, die das Material in Form eines Diktats von einer Stimme, die sie das »Christusbewußtsein« nennt, übermittelt bekam. Der »Kurs« steht in keiner Verbindung mit einer Kirche, Vereinigung oder sonstigen Organisation und wurde auch von keiner solchen unterstützt.

Zum gegenwärtigen Zeitpunkt beträgt die amerikanische Druckauflage dieses Werkes über 500 000 Exemplare, die von Menschen aller Religionen benutzt werden. Die Sprache ist zwar christlich ihrem Gehalt nach, und es werden Symbole verwendet, die in der westlichen Welt geläufig sind; die Wahrheiten jedoch, die im »Kurs« vermittelt werden, sind universell und betreffen Menschen aller Religionen und Glaubensrichtungen, die an einen höchsten Gott, Seinen vollkommenen Sohn und Seine Schöpfung glauben.

Anfangs folgte meine Suche gar keinem bestimmten spirituellen Pfad. Ich versuchte lediglich herauszufinden, ob das Leben einen Sinn hat, ob es einem logischen Ablauf folgt und sich nach einem System von Gesetzmäßigkeiten richtet oder ob es nur eine Anreihung zufälliger Ereignisse ist. Es erschien mir möglich, daß wir aus einer gewissen Angst heraus versucht sind, Begebenheiten in eine logische, bedeutungsvolle Folge zu bringen, und daß wir vielleicht außerstande sind, uns mit dem Gedanken abzufinden, daß das Leben nicht Teil eines wohlgeordneten und nützlichen Planes, sondern in Wirklichkeit ein Zufall sein könnte, dessen Schicksal es ist, der Vergessenheit anheimzufallen. Am Anfang hatte ich das Gefühl, daß die zweite Möglichkeit eine weit vernünftigere Erklärung sei als die erste. Ich wußte, daß die Antwort in einer dieser beiden Möglichkeiten bestehen mußte. Entweder ist unser Leben einer Gesetzmäßigkeit unterstellt – einem Plan –, oder es ist eine zufällige Ansammlung von Ereignissen ohne oberstes Prinzip oder Ziel. Es ist kein

Kompromiß zwischen Ordnung und Chaos oder zwischen Zufall und Absicht möglich. Ein einziger Zufall in einer geordneten Reihe von Ereignissen bedeutet bereits das Chaos. Beständigkeit duldet keine Ausnahme.

Dieses Buch macht uns mit der wunderbaren Tatsache bekannt, daß wir auf alle unsere Fragen eine Antwort finden können. Die Quelle dieses Wissens ist in unserem eigenen Sein, in unseren eigenen Gedanken zu finden. Sie liegt jedoch weit jenseits der Möglichkeiten unseres bewußten Verstandes und steht mit einer viel größeren Kraft in Verbindung. Worin diese Kraft besteht und wie ihre volle Anwendung auf unser Leben aussieht, ist nicht das Thema dieses Buches. Vorerst soll es uns genügen, festzustellen, daß diese Kraft in vielen Religionen »Gott« genannt wird, in der Wissenschaft »Gesetz« und in der Kunst »Schöpfung«. Dies sind lediglich Unterschiede im sprachlichen Ausdruck und unvollkommene Versuche, das Unnennbare zu benennen.

Wir wollen uns hier nur damit befassen, wie wir unser Bewußtsein von dieser Kraft entwickeln können. Beim Lesen dieses Buches wirst du mit den Methoden und den Schritten bekanntgemacht, die dich in die Lage versetzen, deine innere Stimme zu finden und dich auf deinen persönlichen Weg zur Entdeckung deiner wahren Natur und zur Erlangung inneren Friedens und innerer Zufriedenheit zu machen. Dies sind nur Anhaltspunkte. Ich habe sie dargestellt, soweit sie mir selbst geholfen haben, und gebe dort, wo es nützlich sein könnte, Beispiele aus meinem persönlichen Erfahrungsbereich. Vielleicht können sie dir helfen, auch wenn dein Pfad nicht in allen Einzelheiten mit meinem übereinstimmt. Die Richtung jedenfalls ist bei allen von uns dieselbe.

Viele der dargestellten Erlebnisse ereigneten sich vor einigen Jahren während meiner siebenmonatigen Reise durch Europa, auf der ich mich entschloß, alle meine Entscheidungen in die Hände meiner inneren Stimme zu legen. Ich wollte einmal beobachten, was geschehen würde, wenn ich mich vollkommen auf die Führung durch die innere Stimme verließe. Ich hatte diese Art des Denkens, die ich schöpferisch oder intuitiv nenne, während meiner 25jährigen Praxis in der Werbebranche schon angewendet und wollte sie nun einer entscheidenden Bewährungsprobe aussetzen, einem Experiment der vollkommenen Abhängigkeit von Minute zu Minute. Ich machte den Versuch, und das Ergebnis versetzte mich wahrhaftig in Erstaunen. Alles, was ich brauchte, wurde mir in einer Weise zuteil, wie ich es niemals hätte planen können.

Ich fand heraus, daß das, was ich zuvor nur zu besonderen Gelegenheiten angewendet hatte – Gelegenheiten, bei denen es scheinbar gar keinen anderen Ausweg gab –, nicht nur bei größeren Entscheidungen funktionierte, sondern auch bei den allerkleinsten. Ich entdeckte eine neue Informations- und Wissensquelle. Interessanterweise befand sich diese Quelle in meinem Inneren, weit jenseits meines bewußten Denkens, aber dem ständigen Gebrauch leicht zugänglich.

Im Moment mag dir das noch unwahrscheinlich vorkommen, aber mein Leben während der vergangenen fünf Jahre ist von Tag zu Tag beredtes lebendiges Zeugnis dafür, daß es wahr ist. Logik allein kann dies nicht erklären, aber wenn du die Methoden, die in diesem Buch beschrieben sind, anwendest, wird dir die eigene Erfahrung zeigen, daß es möglich ist.

Falls deine gegenwärtigen »Problemlösungsstrategien« nicht in vollkommen zufriedenstellender Weise funktionieren, dann solltest du jetzt weiterlesen und lernen, wie du mit Hilfe einiger sehr einfacher Schritte in Kontakt mit deiner inneren Stimme treten kannst.

*Deine wahren Möglichkeiten sind so nahe
wie deine innersten Gedanken
und so vielversprechend
wie deine schöpferischsten Erkenntnisse.
Das alles ist in uns,
und wenn es seinen Ausdruck findet,
nennt man es Genius.*

Um deine innere Stimme zu hören
brauchst du nur bereit dazu zu sein.
Um geführt zu werden,
mußt du Weisungen entgegennehmen
können.
Wenn du nicht spürst,
daß du geführt wirst,
dann willst du es nicht wirklich.

1
Das Geheimnis der inneren Stimme

Es gibt eine Kraft, die zu Gott gehört. Diese verleiht uns Stärke, Klarsicht, Erfolg und Frieden. Bis zu einem gewissen Grad machen wir alle Gebrauch von dieser Kraft; vollständig verlieren kann sie niemand, wenige jedoch verwirklichen sie in ihrer ganzen Fülle. Diese Kraft wird auf eine sehr unübliche Weise erreicht: indem wir »in uns« gehen. Viele haben sie auf die verschiedensten Weisen gesucht, aber wenige haben sie gefunden. Denn sie ist dort verborgen, wohin die meisten niemals schauen: im Inneren. Wir können sie jedoch ganz leicht erlangen. Wir müssen dazu nur einmal von unserem ewigen inneren Geplapper und von unseren gedanklichen Schaumschlägereien ablassen und unter der Oberfläche dieses Lärms nach dem Frieden und der Stärke greifen, die dort ständig in uns wohnen. Schon als kleine Kinder wurden wir dazu erzogen, außerhalb von uns nach Antworten zu suchen – bei unseren Eltern und in unserer Umgebung. Wir selbst können uns dazu erziehen, im Inneren zu suchen.

Diese innere Stärke wird oft nur in Zeiten der Krise gefunden. Erst dann erkennen wir, daß wir aus uns selbst heraus nichts anderes tun können, als unsere Nöte einer höheren Macht zu überlassen. Solange wir aus eigener Kraft, eigenem Streben und eigener Einsicht Lösungen zu finden versuchen, werden wir langfristig keinen Erfolg haben. Ein Problem zieht das andere nach sich, und immer glauben wir, *diesmal* gelingt es uns, die Lösung zu finden. Wir finden sie jedoch niemals, statt dessen wiederholen wir unsere Fehler auf ständig neue Weise immer wieder. Es ist leicht zu sagen, wie wir unsere innere Stärke finden – sie dauerhaft zu behalten scheint allerdings doch eine große Anstrengung zu erfordern.

Um unsere innere Stimme zu finden, müssen wir aufhören, die Probleme mit Hilfe unseres geschäftigen Verstandes lösen zu wollen. Wir müssen aufhören zu glauben, daß wir wissen, was zu tun ist. Wir müssen auf alle Eventualitäten gefaßt sein und uns auf die Stärke und die Weisheit verlassen, die tief in uns liegen. Ein geübter Geist kann das augenblicklich leisten, ohne sich besonders vorzubereiten, ein ungeübter Geist jedoch wird diese so einfache Aufgabe als recht schwierig und sogar als eine Bedrohung empfinden. Der Vorgang des inneren Hörens ist weder mystisch noch magisch, nicht einmal schwierig, obgleich es dem Uneingeweihten so erscheinen mag. Es bedarf lediglich dreier einfacher Schritte, um unseren Geist richtig zu üben.

Die drei Schritte

Der *erste Schritt* besteht darin zu erkennen, daß wir all unsere Probleme mit unserem »Alltagsverstand« – dem bewußten Denken, mit dem wir uns selbst oftmals identifizieren – nicht lösen, ja nicht einmal richtig sehen können.

Zweitens müssen wir einsehen, daß wir in uns die Kraft haben, das Problem zu lösen, und daß wir diese Einsicht bis zu einem Punkt verstärken können, an dem wir bereit sind, alle unsere Alltagsanstrengungen loszulassen und ausschließlich von unserer inneren Stimme geführt zu werden.

Der *dritte,* endgültige Schritt ist: es zu tun. Wir müssen unseren Geist von seinen Sorgen und von seinem Eifer, von seinen Versuchen, eine Lösung zu finden, befreien und tief in uns hineingehen, diesen Lärm hinter uns lassend, bis hin zu der Stille und dem Frieden, der in uns liegt. Das kann in Form von Meditation geschehen, wobei wir auf verschiedene Hilfsmittel zurückgreifen können: sich an einen ruhigen Ort zurückziehen, bestimmte Körperhaltungen annehmen oder auch besondere Mittel wie Räucherwerk und Kerzen gebrauchen. Diese Formen sind allerdings nicht unbedingt notwendig, wir müssen nur die Ruhe und den Frieden in uns erlangen und unsere bewußten Versuche – wenn auch nur für einen Moment – aufgeben. Ein geübter Geist vermag das in jeder beliebigen Lage im Handumdrehen. Geübt wird unser Geist dadurch, daß wir zu jeder möglichen Gelegenheit bereit sind, uns nach innen zu wenden.

Ob uns das gelingt, erkennen wir daran, daß ein Gefühl von Frieden und Kraft uns ergreift. Dann stehen wir in Verbindung mit unserer inneren Stimme. Uns beginnt klar zu werden, daß in allen Dingen bestens für uns gesorgt ist und daß es uns mitgeteilt wird, wenn konkrete Schritte notwendig werden. Wenn wir diesen Frieden wollen, dann jedoch nicht, um uns sagen zu lassen, daß wir etwas Bestimmtes tun sollen, sondern um zu erkennen, daß wir in Sicherheit sind, daß jederzeit für uns gesorgt ist und daß der Frieden unser ist. Wir stehen jederzeit mit der Stärke Gottes in Verbindung, mit der Kraft der ganzen Schöpfung, der Ordnung aller Dinge, mit dem Prinzip, das in Frieden und Harmonie regiert. Sobald wir das wissen, hört das Problem auf zu existieren. Dann erkennen wir, daß das »Problem« gar kein Problem ist und wir mit Kraft und Zuversicht und in Frieden voranschreiten können. Wenn etwas von uns getan werden muß, dann wird uns mitgeteilt werden, was wir zu tun haben. Falls wir etwas benötigen, wird es uns geschickt. Wir können nun in Ruhe vorangehen. Es ist nicht nötig, daß wir hetzen, herumsuchen oder die Dinge verändern. Wir können zurücktreten, uns führen und umsorgen lassen.

Mit dem Urteil zurückhalten – auf die innere Stimme hören

Mein siebenmonatiger Aufenthalt in Europa erwies sich als ein »Arbeitsaufenthalt«, auf dem ich die eben besprochenen drei Schritte entdeckte.

Während ich dieses schreibe, muß ich an eines meiner vielen typisch europäischen Erlebnisse dort denken. An einem wunderschönen, sonnigen Nachmittag beispielsweise fuhr ich mit dem Auto auf einer Landstraße in Frankreich. Mein Wagen war nicht sehr schnell, also entschied ich mich, nicht auf der Autobahn zu fahren, sondern auf den malerischen kleinen Straßen zu bleiben, die ohnehin mehr nach meinem Geschmack waren. An jenem Tag jedoch schien es äußerst unklug, die kleinen Straßen zu benutzen, denn der Motor fing an zu kochen und brauchte ein Ersatzteil. Ich merkte aber, daß es mich ein paar herrliche Sehenswürdigkeiten kosten könnte, wenn ich meiner Angst nachgeben würde, und entschied mich daher, ob »klug« oder nicht, meinen Weg fortzusetzen. Ich erwartete schon fast, die Nacht auf irgendeinem Feld verbringen zu müssen und womöglich von einem Bauern wegen wilden Kampierens aus dem Schlaf gerissen zu werden. Meine innere Stimme sagte mir zwar, daß alles in Ordnung sei und nichts passieren würde, aber trotzdem hatte ich ein etwas ungutes Gefühl.

Der Motor fuhr fort zu kochen, und ich fuhr fort, die Keilriemeneinstellung zu verändern, die die Ursache des Defektes war und die nicht ohne ein spezielles, schwer zu findendes Teil zu reparieren war. Zumal es auch noch ein Sonntag war, wußte ich, daß es keinen Sinn hatte, nach einer Werkstatt zu suchen. Man hatte mir schon viel von den Franzosen und deren angeblichem Desinteresse erzählt, und ich hatte es auch geglaubt. Selbst an einem Wochentag, während der Arbeitszeit und in einer großen Stadt, war es schwierig, Hilfe zu bekommen. Für mein tschechisches Auto waren sogar in Paris Ersatzteile schwer erhältlich. Auf dem Lande und an einem Sonntag würde es sicherlich ein Ding der Unmöglichkeit sein. Mein vorschnelles Urteil über die Franzosen hatte gute Chancen, bestätigt zu werden. Ich hatte es nämlich vorher bereits bei einigen Reparaturwerkstätten versucht, aber die Inhaber hatten nur mit dem Kopf geschüttelt. Also blieb mir nichts anderes übrig, als das Beste zu hoffen und so gut wie möglich meine Reise zu genießen. Ich machte mir zwar etwas Sorgen, aber fuhr weiter.

Einige Zeit später entdeckte ich eine Werkstatt, deren Tor offenstand. Ich hatte es schon fast aufgegeben, denn inzwischen hatte ich ja schon eine ganze Reihe von Werkstätten gesehen und überall – vergeblich – gehalten. Meine innere Stimme aber sagte mir, daß ich trotzdem anhalten sollte, also tat ich es. (Es war keineswegs ein strikter Befehl, sondern vielmehr ein zarter Hinweis, daß ich doch noch einmal versuchen sollte, Hilfe zu finden.) Die ganze Familie saß auf der Veranda beim Essen, und der Mann winkte mir zu, ich solle doch heraufkommen. Ich trug mein Anliegen in sehr gebrochenem Französisch vor, das von englischen

Wörtern durchsetzt war, und bemühte mich um einen Tonfall in der Art, wie ich mir einen französichen Akzent vorstellte. Er nickte nur und bot mir Brot und Wein an, zwar keine Hilfe in Sachen Auto, aber wer schlägt schon ein gutes Baguette und einen Landwein aus, auf einer sonnigen Veranda im südlichen Frankreich serviert?

Nach einem erquickenden Imbiß ging der Mann daran, in dem riesigen Ersatzteillager seiner schmuddeligen Werkstatt die notwendigen Teile für mein Auto herauszusuchen. Ich weiß bis heute nicht, warum er all diese Teile in solch einer abgelegenen Werkstatt auf dem Lande vorrätig hatte! Er arbeitete eine geschlagene Stunde daran, alles in beste Ordnung zu bringen, obwohl ich bereits an einem Punkt angelangt war, an dem ich mich mit weit weniger begnügt hätte. Als er mit allem fertig war, wollte dieser Mann keinen Pfennig für seine Bemühungen und seine Freundlichkeit annehmen, obwohl ich es ihm mehrfach anbot.

Ein Einzelfall? Keineswegs. Das gleiche passierte mir in einer Werkstatt für Autokühler in der Schweiz und bei einem Elektriker in Österreich, der mir nur ein paar Schillinge für mehrere Arbeitsstunden berechnete, weil er im Zweiten Weltkrieg als Kriegsgefangener in einem Lager in Colorado war. Es gab noch viele weitere Gelegenheiten, an denen Menschen ohne offensichtlichen Grund aus reiner Liebe ihre gewohnten Wege verließen.

Es steht mir wirklich nicht zu, über andere ein Urteil zu fällen. An diesem Punkt kann ich noch nicht einmal diejenigen verurteilen, die niemandem helfen können oder wollen. Dazu weiß ich einfach viel zu wenig. Ich will damit nur sagen, daß wir um so offener sein können, das zu akzeptieren, was auf uns zukommt, je weniger Vorurteile wir haben und je weniger wir uns über den Ausgang eines Ereignisses sicher sind. Je größer unser Vertrauen ist, desto wunderbarere Erfahrungen werden wir machen, und desto bereitwilliger werden wir sein, unserer inneren Stimme zu folgen.

Die Grundlage für das Hören ist daher unsere Bereitwilligkeit, nach innen zu gehen. Indem wir unsere Vorurteile fallenlassen, ruhig werden und in unserem Herzen sicher sind, daß alles seinen Weg gehen wird, entscheiden wir uns für das Hören. Trotz unserer negativen Erwartungen ist jederzeit für uns gesorgt, ganz gleich was auch passieren mag.

Ein innerer Wissensschatz steht uns zur Verfügung

Es ist wichtig zu wissen, daß wir alle im wesentlichen dieselbe Botschaft vernehmen, obgleich jeder von uns sie in einer anderen Form hört. Tatsächlich steht jedem von uns ein enormer Vorrat an Wissen – ich bin sogar davon überzeugt, die Gesamtheit allen Wissens – zur Verfügung, wenn wir uns mehr Mühe geben, zu hören. Wir haben uns jedoch dazu erzogen, nicht nach innen zu gehen und nicht zu hören. Der Grund, warum das so ist, ist ein ganz anderes Thema und für unsere gegenwärtige Behandlung der Frage, wie man lernt zu hören, irrelevant. Alles, was wir wissen müssen, um uns allmählich unserer inneren Stimme bewußt zu werden, ist, daß die Angst davor, unsere wahre Natur kennenzulernen und unsere Möglichkeiten voll auszuschöpfen, dabei eine Rolle spielt.* Daher müssen wir, wenn wir die Wahrheit erfahren wollen, auch gewillt sein, auf sie zu hören.

Wo finden wir Antworten?

Die Antwort auf diese Frage ist ganz einfach: Antworten werden uns in den verschiedensten Formen gegeben. Hilfe ist überall. Wenn wir einmal still werden, unseren hektischen »Problemlöser« beiseite lassen, nach innen gehen und unseren Geist öffnen – wenn wir im Frieden sind –, dann kommt die Antwort auf unzählige verschiedene Weisen. Sie ist in der Musik, in der Malerei, in der Poesie, in lieben Freunden, in unseren »Feinden« und in fremden Menschen – überall, wo wir nur hinsehen wollen. Sie kann auf Plakatwänden ebenso gefunden werden wie in einem Scherz, in der Stille, in Bäumen, im Ozean und in Flüssen. Die

---

* Dieses Thema wird im Kapitel 5 (»Scheinbare Schwierigkeiten beim Hören«) unter dem Titel »Der abgetrennte Verstand erscheint uns als der richtige« kurz behandelt; eine ausführliche Behandlung der »Angst vor der Erlösung« findet sich in »Ein Kurs in Wundern« (auf Seite 242 bis 244 im Textbuch).

Wahrheit ist, daß unser »Freund«, die innere Stimme, immer bei uns ist, wohin wir auch gehen. Wir hören und sehen sie allerdings nur, wenn wir die Bereitschaft dazu haben. Das Geheimnis des Hörens besteht also in der Bereitwilligkeit, auf unsere innere Stimme zu lauschen, ganz gleich, was für eine Form die Antwort annimmt. Antworten der inneren Stimme können in Form von Ideen oder Hinweisen kommen, die bestimmte Gedanken auslösen. Ich bekomme oft Antworten in Form solcher Hinweise – ein Gedanke oder ein Ereignis, etwas, das anscheinend gar nichts damit zu tun hat, aber das letztlich doch des Rätsels Lösung ist.

Die jeweilige Form oder das Medium, in welchem wir unsere »Stimme« hören, kann durch unsere Herkunft, unsere Erziehung, unsere aktuellen Interessen oder durch die Talente, die wir besitzen, bestimmt sein. Wenn jemand beispielsweise gerne schreibt, hört er vielleicht seine Stimme am besten mit dem Stift in der Hand oder wenn er an der Schreibmaschine sitzt. Andere »hören« am besten, wenn sie joggen, wandern, lesen, malen, bauen, meditieren, Musik hören oder selbst ein Instrument spielen. In der einen oder anderen Form ist uns die innere Stimme immer so nahe wie der nächste Gedanke.

Um das zu illustrieren, möge man sich einmal vorstellen, daß in jedem Augenblick Tausende von Botschaften auf uns einstürmen, die alle das gleiche aussagen, nur in verschiedener Form. Nehmen wir einmal an, unser »Empfangsgerät« sei ausgeschaltet.

Um eine Botschaft empfangen zu können, müssen wir es erst einmal anschalten. Als nächstes können wir einen beliebigen Kanal wählen und werden dann die Botschaft in einer bestimmten Form empfangen. Wir müssen allerdings die Tatsache akzeptieren können, daß sich die Antwort in dieser Form verbirgt. Wie deutlich sie Bezug auf unser jeweiliges Problem nimmt, hängt einzig und allein von unserer Bereitwilligkeit ab, die Antwort so anzunehmen, wie sie gerade kommt. Wir können überall Antworten finden. Die Auswahl ist unbegrenzt. Auf den ersten Blick scheint das eine Übertreibung zu sein, aber ich versichere euch, daß, sobald wir die Antwort erst einmal in einer Form angenommen haben, sie uns in anderen Formen immer wieder begegnen wird. Am Ende können wir uns kaum noch vorstellen, wie wir sie jemals haben ignorieren können.

Unsere innere Stimme spricht jederzeit zu uns, aber wir hören sie nur, wenn wir es wirklich wollen! Wir sind selbst dafür verantwortlich, uns der Gegenwart unserer Stimme bewußt zu werden. Erst wenn wir unseren Empfänger anschalten, ihn einstellen und zuhören, können wir die Botschaft empfangen. Obwohl es eine Tatsache ist, daß ständig eine Sendung für uns ausgestrahlt wird, müssen wir zuerst hören »wollen«.

2
Der Anfang des Hörens

Diejenigen, die sich in den Anfangsphasen des Hören-lernens befinden, berichten bisweilen davon, daß sie zwei oder mehrere »Stimmen« hören. Innere Stimmen sind nichts anderes als das, was wir hören, wenn wir mit uns selbst reden – eine Art innerer Dialog. Wir reden in der Tat ständig mit uns selbst, bewußt oder unbewußt. Immer wenn wir über eine bestimmte Idee oder ein Ereignis nachdenken oder wenn wir uns fragen, warum etwas so ist, wie es ist, dann ist dieses Nachdenken unsere »Stimme«. Sie ist weder polternd wie der Donner noch grob, aber auch nicht leise. Sie ist einfach nur unsere »Stimme«. Um dem Hörenden zu helfen, kann sie besondere Eigenarten annehmen.

»Warum das?« fragen wir uns jetzt.

Aha, also sprechen wir doch mit uns selbst! Das ist einer der Wege, auf denen die Wahrheit zu uns kommt – in Form unserer Gedanken – in der Form, die wir am ehesten annehmen können; schon allein deswegen, weil sie ständig bei uns sind und von uns gehört werden wollen, können wir sie nicht verfehlen, es sei denn, wir legen es darauf an.

Die zwei Stimmen

Da wir es gewöhnt sind, mit uns selbst zu sprechen und dabei beide Seiten eines inneren Dialoges einzunehmen, hören wir anscheinend zwei Stimmen. Wie es scheint, haben wir unseren Geist in zwei Teile aufgespalten. Wenn wir uns fragen, was wir in einer bestimmten Situation tun sollen, dann ist die Antwort, die wir hören, unsere »Stimme«. Wir brauchen gar nicht zu erwarten, daß die »Stimme« oder die »Stimmen«, die wir hören, sich von unseren eigenen Gedanken sehr unterscheiden.

Es gibt jedoch einige Unterschiede, und es ist hilfreich, sie zu kennen. Unser alltäglicher geschäftiger Verstand findet immer etwas zu tun und schafft sich immer neue Bedürfnisse, die erfüllt werden müssen. Unsere kontemplative Seite hingegen findet Ordnung, Freude und Harmonie. Unser schöpferischer, intuitiver Verstand erfreut sich an Schönheit und Frieden. Solange wir das Gefühl haben, daß wir uns in einem Konflikt befinden, wird die Erfahrung dieser beiden Stimmen anhalten. Der eine Teil ist voller vorschneller Urteile, der andere offen für Neues. Die Urteile, mit denen wir es hier zu tun haben, sind nicht das Produkt zwingender Logik, obwohl an ihnen Logik beteiligt gewesen sein mag. Je mehr wir uns jedoch unserer Offenheit bewußt werden, und damit unserer inneren Stimme, desto weniger dominant wird unser vorschnelles Urteil, bis es irgendwann verstummt. Je weniger Wert wir auf unsere Tendenz legen, ein vorschnelles Urteil zu fällen, und je mehr wir anstreben, uns einen offenen Geist zu bewahren, desto eher wird die erste Stimme zurücktreten. Einen reinen Geist bewahren, offen sein für die Antwort – gleich in welcher Form – und Vorurteile und vorschnelle Urteile fallenlassen, all das hilft uns, die Erfahrung geteilter Stimmen zu überwinden.

Es ist gut, zum Beobachter seiner eigenen Gedanken zu werden – zu sehen, welche Gedanken auf vorschnellen Urteilen, auf Angst, Voreingenommenheit und mangelndem Vertrauen beruhen – und welche Gedanken vertrauensvoll, offen, liebevoll und friedfertig sind. Wenn wir gründlich in uns gehen und ganz ehrlich sind, dann werden wir merken, daß alle unsere Gedanken aus einem dieser beiden Lager kommen.

Wenn wir feststellen, daß unsere Gedanken mit Dingen beschäftigt sind, die noch erledigt werden müssen, kann es helfen, eine Liste dieser Dinge zu machen, so wie sie auftauchen, bis sich all die »geschäftigen« Gedanken gelegt haben. Dann können wir uns mit klarem Kopf nach »innen« wenden, um zu hören. Nachdem wir unser Hören beendet haben, können wir wieder zu der Liste, die wir gemacht haben, zurückkehren. Wahrscheinlich stellen wir dann fest, daß nur wenige dieser Dinge wirklich unsere Aufmerksamkeit verdienen. Ich mache sogar, während ich höre, eine Liste, um der Gefahr vorzubeugen, etwas Wichtiges zu vergessen. Wenn ich dann meine Zeit der Stille beendet habe, gehe ich die Liste noch einmal durch und erledige die Dinge, die noch immer wichtig erscheinen und zwar in der Reihenfolge ihrer Dringlichkeit. Oft merke ich, daß nur wenige der aufgelisteten Dinge sofort erledigt werden müssen und daß die Prioritäten sich verschoben haben. Das Hören verleiht den Dingen unseres Lebens einen neuen Stellenwert.

Was ich mit diesen beiden Stimmen erlebt habe

Kürzlich fielen mir einmal einige Aufzeichnungen in die Hände, die ich vor einigen Jahren gemacht hatte, als ich intensiv an der Verbesserung meines Hörens arbeitete. Ich hatte den ersten Monat meines Europaaufenthaltes ausschließlich dem Hören gewidmet und war dennoch über eine mäßig gute Offenheit und über das Hören von Anregungen und Ideen nicht hinausgekommen, die – wie ich damals annahm – nicht von meinem bewußten operationalen Verstand kamen. Ich war noch nicht so weit, daß ich meiner inneren Stimme eine Frage stellen konnte und dann Antworten erhielt, von denen ich spürte, daß ich mich auf sie verlassen konnte.

Im Laufe meiner ständigen Bemühungen dann, hören und fragen zu lernen, ohne selbst schon in die Antwort zu investieren, bemerkte ich, daß ich gelegentlich zwei Stimmen hörte, die nicht miteinander übereinstimmten. Ich achtete dann darauf und beobachtete, wie diese beiden Stimmen arbeiteten. Es geschah immer auf ziemlich die gleiche Weise.

Die erste Stimme

Die »erste« Stimme war immer schnell bei der Hand mit Vorschlägen, was ich alles tun könne und über was ich mir Gedanken machen könne. Wenn ich mich nach ihr richtete, schickte sie mich mal hierhin, mal dorthin und eröffnete eine Vielfalt von Möglichkeiten. Diese erste Stimme schien sich sicher zu sein, was ich zu tun hatte, aber zumeist war sie, wie ich herausfand, auch schnell, eindringlich, besorgt und oftmals ängstlich. Wenn ich zum Beispiel fragte, ob ich zu einer Veranstaltung zu spät kommen würde oder ob ich mir ruhig Zeit lassen könnte, dann schlug sie vor, lieber eine Abkürzung zu nehmen, schneller zu fahren und keinesfalls anzuhalten, um Anhalter mitzunehmen. Solange ich auf diese Stimme hörte, hatte ich niemals das Gefühl des Friedens oder wirklichen Vertrauens und dennoch merkte ich, daß ich Kontakt zu etwas jenseits meines intellektuellen Verstandes hatte – zu einer bestimmten Art inneren Wissens.

Jetzt fällt es mir leicht, darüber zu berichten, aber damals konnte diese Stimme mich ohne weiteres davon überzeugen, daß sie recht hatte und daß ich sogleich irgend etwas tun mußte. Wenn ich mir dann einmal näher ansah, was die Stimme von mir verlangte, konnte ich sehen, daß die Grundlage für ihre Entscheidungen oft Angst war – die Angst, zu spät zu kommen, die Angst, etwas zu versäumen, oder die Angst vor allem möglichen. Je mehr ich darüber nachdachte, desto klarer wurde mir, daß diese Negativität allem Anschein nach nicht die Art von Hinweis war, wie ich ihn von einer friedvollen und allwissenden Quelle erwarten konnte.

Jetzt wirst du vielleicht sagen: »Natürlich nicht! Wie konnte er sich auch nur einen Moment so an der Nase herumführen lassen?«

Ich versichere dir aber, daß die Stimme logisch, realistisch und wirklich um mein Wohlergehen bemüht klang und sich oft in Übereinstimmung mit meiner eigenen »rationalen« Einschätzung der Situation befand.

Ein Beispiel

Als ich am Zoll bei der Einreise nach Schweden Schlange stehen und warten mußte, wurde ich immer wieder von Schwärmen von hereinströmenden Touristen beiseite gedrängt. Die Zollbeamten machten keinerlei Anstalten, die Schlange irgendwie zu organisieren, und so stand ich in dem Gedränge nach einer geschlagenen halben Stunde noch immer kein bißchen näher an dem Abfertigungsschalter als zu dem Zeitpunkt, an dem ich den Raum betreten hatte. Ich befragte mein Inneres, was ich tun sollte, worauf ich rasch daran erinnert wurde, daß ich permanent zurückgestoßen wurde und daß diese ungehobelten Leute damit so lange fortfahren würden, bis ich mich auf die gleiche Weise durchsetzte, wie sie es taten.

Glücklicherweise hatte ich nach und nach herausgefunden, daß diese erste Stimme nicht immer diejenige war, auf die ich hören sollte, also wartete ich in Ruhe auf die zweite Stimme. Ich weiß nicht mehr genau, was ich hörte, aber mir wurde versichert, daß schon für mich gesorgt würde und daß ich jeden, der dort war, lieben sollte, die Massen, die hereinströmten, ebenso wie die scheinbar gleichgültigen Beamten. Ich ging also hinaus, schoß ein paar Fotos von der schönen Umgebung und ging wieder hinein, ohne mir aus dem Warten etwas zu machen. Binnen sehr kurzer Zeit war ich ganz vorne in der Menge, die man nur mit sehr viel Phantasie als eine geordnete Schlange bezeichnen konnte, und wurde abgefertigt, während viele andere um mich herum sich über das Durcheinander aufregten.

Ein weiteres Beispiel

Das gleiche passierte mir in Jugoslawien während einer akuten Benzinknappheit, die ein großes Gebiet im Süden des Landes betraf. Die Schlangen an den Tankstellen waren kilometerlang, die Leute warteten oft den ganzen Tag und bekamen dann nicht einmal Benzin. Ich hörte von meiner zweiten Stimme deutlich, daß ich keine Angst zu haben brauchte, sondern weiterfahren sollte, obwohl ich kaum noch Benzin hatte, seit einigen Kilometern keine Tankstelle mehr gesehen hatte und seit zwei Tagen nur solche mit riesigen Warteschlangen.

Wie ich so in meinem Auto gemächlich daherrollte, hatte ich ein wundervolles Erlebnis mit einem

Schäferknaben, der am Straßenrand seine Schafe hütete. Es war für mich nichts Neues, einen Viehhirten zu sehen, aber dieser Junge damals war doch etwas Besonderes, und die Bedeutung dieser Begegnung wird mir erst jetzt richtig klar. Er winkte mir zu, als ich an ihm vorbeifuhr, und ich winkte zurück. Wir winkten und winkten, so lange, bis er hinter der Kuppe eines langgestreckten Hügels außer Sichtweite geriet. Ich erinnerte mich daran, welche Sehnsucht ich als kleiner Junge danach hatte zu reisen und wie ich stundenlang vom Reiseschriftsteller Richard Halliburton und von seinen Reisen um die ganze Welt gelesen hatte. Ich konnte an der Reaktion des Buben auf mein seltsames Auto mit den vielen Aufklebern aus fremden Ländern genau ablesen, daß er von mir als Reisendem fasziniert war, und ich merkte, daß diesmal ich derjenige war, der für dieses Kind einen Traum verkörperte. Diesmal war ich selbst der Reisende.

An jenem Abend verfaßte ich ein Gedicht, das von jenem Schäferjungen handelte, von den Wundern des Reisens im Land der Phantasie und von der Hoffnung, daß unsere flüchtige Begegnung ihn ermutigt hatte, auch eines Tages zu reisen, genau wie ich damals von Halliburton und seinen phantastischen Abenteuern ermutigt worden war. Ich hatte vollkommen aufgehört, mir Sorgen über irgendwelche Autoschlangen vor Tankstellen zu machen. Ich spürte um mich herum Frieden und merkte, daß ich genau da war, wo ich hingehörte. Ich wußte, daß alles gut war und daß ich mir keine Sorgen zu machen brauchte, irgendwo in einer gottverlassenen Gegend der Welt ohne Benzin liegenzubleiben – ungeachtet der Schauergeschichten, die ich am Abend vorher auf dem Campingplatz von anderen Reisenden gehört hatte.

Am nächsten Tag nach diesem wunderbaren Erlebnis sah ich eine Tankstelle, an der weniger als zwanzig Autos warteten. Das erschien mir wahrhaftig wie ein Wunder. Ich rechnete zwar nicht damit, daß man mir mehr als zehn Liter zuteilen würde, bog aber doch in die Zufahrt zur Tankstelle ein. Ich mußte nehmen, was ich bekommen konnte, obwohl ich mindestens zwanzig Liter gebraucht hätte, um bis an die griechische Grenze zu kommen. Immerhin war es die erste offene Tankstelle, die ich seit zwei Tagen gesehen hatte. Es war ein heißer Tag, wir hatten alle die Motoren abgestellt und schoben unsere Autos immer näher an die Zapfsäule heran. Als nur noch ein einziges Auto vor mir war, fuhr ein offiziell aussehender Wagen vor, und der Tankstelleninhaber und die Funktionäre in dem Wagen gerieten in einen heftigen Streit. Obwohl ich kein Wort von dem verstand, was der Inhaber, die Funktionäre und die Menge durcheinanderriefen, war mir klar, daß nun die Tankstelle geschlossen werden würde. Dabei wäre ich doch gleich dran gewesen! Ich war der Verzweiflung nahe. Was sollte ich tun? Das war meine letzte Möglichkeit, Benzin zu bekommen! Meine »erste« Stimme und ich waren äußerst besorgt.

Meine zweite Stimme jedoch riet mir, ruhig zu sein und weiter zu warten. Das Auto vor mir war fertig, und der Streit zwischen dem Tankwart und den Funktionären ging weiter. Es gab zwei Schlangen, und als das Auto in der anderen Schlange an seine Zapfsäule geschoben wurde, tat ich dasselbe mit meinem. Ich nahm die Zapfpistole aus der Säule und fing an, meinen Tank zu füllen, mußte aber jederzeit damit rechnen, unterbrochen zu werden. Der Streit ging weiter, und ich tankte randvoll, ohne daß mich jemand bei der normalerweise auf zehn Liter begrenzten Zuteilungsmenge gestoppt hätte. Ich bezahlte beim Tankwart, und während ich abfuhr, sah ich noch, wie der Funktionär die Zapfsäule abschloß.

Beide Erlebnisse hatten etwas Traumartiges an sich, denn plötzlich fühlte ich mich der Verwirrung und dem Ärger ringsum enthoben und in Zufriedenheit und Liebe geborgen. Warum sollte ich denn nicht zufrieden sein, wo doch bestens für mich gesorgt war?

Das sind lediglich zwei kleine Beispiele für die Fürsorge, die mir täglich in meinem Leben entgegengebracht wurde, damals in Europa und seitdem bis heute. Wenn ich höre und dann die Ruhe und die Liebe in meinem Herzen spüre – was mir ja durch das Hören ermöglicht wird –, dann *weiß* ich (ich *wünsche* es mir nicht, sondern ich *weiß* es), daß für mich gesorgt sein wird, was dann auch immer zutrifft. Ich bin auf eine wundersame Weise beruhigt und nehme bereitwillig alles an, was um mich herum geschieht. Da für mich gesorgt ist, brauche ich nichts zu ändern und muß mich vor nichts schützen, noch muß ich mich um meine Bedürfnisse kümmern.

Ich gebe keineswegs vor, zu wissen, wie all dies

funktioniert, noch ist mein logischer Verstand imstande, es zu erklären. Sicher ist die Liebe oder vielmehr der Versuch, die Menschen zu lieben, nicht die ganze Antwort. Meine Liebe ist nicht genug; ich muß meine innere Stimme fragen, was zu tun ist, was gerade geschieht und wie ich es zu sehen habe.

Mein Vertrauen aber darauf, daß für mich gesorgt ist, in Verbindung mit dem Hören auf meine innere Stimme, die mir Führung und Sicherheit verleiht, besitzt die Kraft, mir das Gefühl von Frieden und Geborgenheit zu verleihen, und erlaubt es mir, diese Harmonie zu fühlen.

Dieser innere Friede ist nicht gleichzusetzen mit Resignation – daß man ja doch nichts ändern kann –, sondern er ist ein tiefes Vertrauen darauf, daß das, was geschieht, zu meinem Besten geschieht, ganz gleich, was meine eigene »Einschätzung« oder meine »erste Stimme« mir weismachen wollen.

Die zweite Stimme ist die wahrhaftige Ratgeberin

Wie können wir mit dieser zweiten Stimme Verbindung aufnehmen? Ich bin nicht ganz sicher, ob wirklich jeder von uns diese beiden Stimmen erlebt. Da jedoch viele über ähnliche Erfahrungen berichten, gehe ich davon aus, daß so etwas oft geschieht. Dieser zweiten Stimme wurden schon viele Namen gegeben: die leise innere Stimme, die Stimme Gottes, innere Führung,

Christus-Vision, Heiliger Geist, Intuition und verschiedene mehr. Wie aber auch immer wir sie nennen mögen, sie steht uns allen zur Verfügung, um uns Führung und innere Gewißheit zu verleihen. Um von ihr Gebrauch machen zu können, ist es erforderlich, daß wir eine Sehnsucht danach entwickeln, in unserem Inneren nach Hilfe zu suchen, und Bereitwilligkeit zeigen, still zu sein und zu hören.

3
Wie komme ich mit meiner inneren Stimme in Kontakt?

Am Anfang meiner Reise faßte ich den Entschluß, alle Entscheidungen, seien es kleine oder große, meiner inneren Stimme zu überlassen – wo ich übernachtete, wann und was ich essen sollte, welches Auto ich kaufen sollte und was ich mir ansehen sollte. Ich machte keine Pläne im voraus und traf keine langfristigen Verabredungen. Ich setzte mir eine Zeit von sechs Monaten für dieses Experiment. Ich beobachtete meine Gedanken, um zu sehen, wie mein Geist arbeitete, wie er sich für Dinge entschied und wie er auf das, was er erfuhr, reagierte. Wenn ich eine Anregung oder eine Antwort, ein Gefühl oder eine Idee erhielt, dann betrachtete ich sie, um zu sehen, worauf sie basierte, damit ich feststellen konnte, wo sie herkam. Anfangs erlebte ich zwei Stimmen, also machte ich es mir zur Gewohnheit, mir jede Botschaft, die ich empfing, anzuschauen, zu identifizieren, woher sie kam, und dann zu entscheiden, was ich tun wollte – sie ignorieren oder handeln, je nachdem aus welcher Quelle sie kam.

Zur Verdeutlichung, wie das vor sich ging, folgendes Beispiel: Wenn ich abends auf der Suche nach einem Campingplatz war, fragte ich: »Ist er das?«

Oft kam dann wie aus der Pistole geschossen die Antwort: »Jawohl. Hier anhalten. Der ist gut.«

Ich sah wohl, daß das ein guter Campingplatz war, das war aber nicht genug. War es auch wirklich der richtige? Oft wartete ich dann und fragte nochmals: »Soll ich hier anhalten?«

Ich stellte fest, daß die zweite Stimme langsamer sprach und ohne einen Befehlston. Ich sagte dann (oder eher: ich hatte in meinem Inneren das Gefühl, denn mehr war es üblicherweise nicht): »Warum willst du denn hier anhalten?« Und ich gab mir die Antwort: »Weil das doch ein hübscher Campingplatz ist, außerdem habe ich Angst, daß ich keinen anderen mehr finden werde.« Worauf der Gedanke folgte: »Angst? Ist denn die Basis für meine Entscheidung Angst? Was will ich denn eigentlich? Will ich wirklich noch ein paar Stunden weiterfahren? Bin ich müde? Hungrig? Ist das nun tatsächlich die Stelle, an der ich anhalten will? Was ist mein wirklicher Grund, hier anhalten zu wollen? Angst? Echte Zufriedenheit? Ist es ein Kompromiß?«

Angst ist die Basis für die erste Stimme

Am Anfang war ich mir nicht immer ganz sicher, ob es die erste oder die zweite Stimme war, die sprach. Der Ablauf allerdings war klar: Ausschlaggebend dafür,

auf den ersten Rat zu hören und anzuhalten, wäre
meine Furcht gewesen, daß dies der einzige Campingplatz in der Gegend sein könnte. Ich machte in den
Anfangsstadien des Hörens die Erfahrung, daß die
erste Stimme, die ich hörte, auf Angst basierte. Man
hüte sich allerdings davor, meine Erfahrung als die
Regel anzusehen. Sei auf der Hut und sieh genau hin,
worauf deine Entscheidungen basieren! Kommen die
Antworten aus einem Gefühl der Ruhe, des Wohlbeha-
gens und der Harmonie, oder kommen sie aus der
Angst, daß sich niemand um dich kümmern könnte?

Zufriedenheit ist die Basis für die zweite Stimme

Als ich mich schließlich entschieden hatte, daß ich die
Angst nicht zur Grundlage meiner Entscheidungen
machen wollte, und weiterfuhr, sagte die zweite
Stimme: »Jetzt wirst du einen besseren Platz finden.«
	Tatsächlich war es auch jedesmal so – jedesmal!
Ich wendete diese Methode an, um alles mögliche
herauszufinden – um zu entscheiden, welche Straße ich
nehmen sollte, wie ich mich durch das Straßengewirr
einer fremden Stadt finden sollte, wo und wann zu
essen, wo Geld umzutauschen, ein Telefon zu finden –
für buchstäblich jede Art von Entscheidung. Während
meiner siebenmonatigen Reise (eigentlich waren ja
sechs Monate geplant; da sieht man, was aus Plänen
werden kann) traf ich nur wenige Entscheidungen,

ohne meine inneren Stimmen zu befragen – zuerst Nummer eins und dann Nummer zwei. Nach einer gewissen Zeit trat die erste Stimme mehr und mehr in den Hintergrund, und die zweite Stimme bekam mehr Gewicht, bis dann schließlich die Nummer eins von Zeit zu Zeit ganz von ihrem traditionellen Platz verwiesen wurde und die zart klingende, sanfte Nummer zwei immer da war. Jetzt war die Nummer zwei zur Nummer eins geworden.

Der Vorgang ist weder langwierig noch schwierig

Wie lange hat nun dieser Vorgang gedauert? Ich weiß es eigentlich gar nicht, aber es muß wohl etwa ein Jahr und neun Monate gedauert haben, bis ich mich wirklich jederzeit auf das Hören meiner zweiten Stimme verlassen konnte (die ja nun zur ersten geworden war), ein Jahr nach meiner Europareise und 21 Monate nach meinem Entschluß, mich ganz und gar in allen meinen Entscheidungen auf meine innere Stimme zu verlassen. Die zweite Stimme, durch die ich mich jetzt führen lasse, wurde einfach immer zugänglicher für mich. Ich schätze mich glücklich, von ihr Gebrauch machen zu können, denn sie leitet mich, und durch sie werde ich an all die wunderbaren Orte, die Menschen und die Erlebnisse geführt, die mir so viel Freude bereiten. Alles, was ich dazu brauche, ist Vertrauen und Zuversicht in ihre Führungskraft; keine besonderen Übungen oder Voraussetzungen sind notwendig, außer meinen Geist zu öffnen und bereitwillig und empfänglich zu sein.

Ich weiß es nicht mehr genau, aber ich glaube, ich habe mich damals kein einziges Mal verfahren. Ich kann mich allerdings daran erinnern, daß ich manchmal in einer fremden Stadt umhergefahren bin oder an Orte geraten bin, an die zu kommen ich niemals die Absicht hatte, aber mir ging es immer gut dabei. Niemals habe ich eine Fähre verpaßt, auch hat mir nie ein Zeltgelände, Hotelzimmer, Restaurant oder sonst irgend etwas gefehlt. Tatsächlich ist es mir nur zweimal passiert, daß ich mit meinem Zelt im Regen stand, was in Europa fast ein Wunder ist, und beide Male hatte ich es darauf angelegt.

Der Vorgang ist frei von Angst

Niemals wurde ich durch irgend jemanden belästigt, obgleich mir bisweilen vorausgesagt wurde, daß das unausweichlich sei. Ich bat dann um innere Führung. Jedesmal erwies sich die Person, die mich zu bedrohen schien, in irgendeiner Weise als hilfreich und freundlich, wobei sie sogar oft ihre persönliche Bequemlichkeit vollkommen außer acht ließ, um zu helfen. Ich wurde in Erlebnisse geführt und an Orte geleitet, die mir verschlossen geblieben wären, wenn ich Angst gehabt hätte. Es war überhaupt nichts Besonderes, Anhalter mitzunehmen oder jemanden unter den merkwürdigsten Umständen zu begleiten; immer hatte ich

Glück, und meine Erlebnisse waren für mich sehr beeindruckend. Ich fühlte mich jederzeit unbeschwert und niemals ängstlich. Ich betrachtete diese Erfahrungen nicht als Experimente, sondern als Gelegenheiten, mit meinen neugefundenen Freunden an deren Leben, so wie es sich für sie in ihrer Heimat gestaltete, teilzunehmen.

Unsere innere Stimme stellt uns niemals auf die Probe

Ich empfehle nicht etwa, daß man einen Rat befolgt, durch den man in eine Lage gebracht würde, vor der man wirklich Angst haben müßte. Ich habe die Erfahrung gemacht, daß mein Lebensweg durch die innere Führung leicht geworden ist, er ist kein Opfer und keine schwere Prüfung oder Herausforderung.

Niemals fühlte ich mich in Gefahr, und niemals wurde von mir verlangt, an Orte zu gehen, vor denen ich Angst hatte. Das Hören auf meine innere Stimme führte im Gegenteil dazu, daß ich mich immer sicher fühlte.

Wenn ich einmal Angst hatte, bat ich um innere Führung und machte erst dann weiter, wenn ich mich wohl damit fühlte. Meine innere Stimme stellte mich niemals auf die Probe oder brachte mich in Situationen, die mir Sorgen bereitet hätten. Ihre Führung geleitete mich immer zu innerem Frieden, zu Gewißheit und Freude.

Meine erste Stimme wird immer schwächer

Während dieser Zeit wurde meine »erste« Stimme immer spärlicher. Ihre voreilige, ängstliche, warnende und typisch hektische Art wurde immer leichter für mich durchschaubar. Der Kontrast zu meiner sanften, freundlichen, mir innere Gewißheit verleihenden »zweiten« Stimme wurde sehr deutlich. Niemals hatte ich das Gefühl, daß meine wahre innere Stimme mich zu irgend etwas drängte. Sie war nun mein Freund, der mich zu neuen schönen Erfahrungen führte. Sobald mein Freund die Führung übernahm, kamen die Dinge in Fluß, und ich wurde froher und ruhiger. Das wurde zum Erkennungszeichen für ihre Gegenwart in mir – ein Gefühl von Freude und Frieden.

Das soll nicht heißen, daß ich nun gar keine Urteile mehr fälle und daß ich nicht mehr an der Selbstüberschätzung teilhabe, die mich glauben läßt, daß ich alles unter Kontrolle habe. Mit der Zeit wurden aber die Perioden, in denen ich zu vorschnellen Urteilen neigte, immer rarer, kürzer und weniger intensiv. Ich durchschaute sie immer leichter, und es kam mir geradezu lächerlich vor, wenn ich in sie hineingeriet.

Auf diese Weise wurde mir klar, daß mir viele wunderbare Dinge zustießen. Diese Erlebnisse übertrafen bei weitem alles, was ich mir in meinen Plänen vorgestellt hatte. Später schaute ich mit Erstaunen auf diese Erlebnisse zurück und darauf, wie gut alles ohne mein eigenes besonderes Zutun und ohne vorausplanende Gedanken funktioniert hat.

Selbst wenn wir keine Frage stellen, kann die Stimme helfen

Ein Beispiel

Während ich dieses schreibe, fällt mir ein Beispiel aus Rom ein. Ich hatte Quartier in einem netten Hotel in der Innenstadt nahe dem Bahnhof genommen. Da ich mein Auto auf der Straße geparkt hatte, wies mich der Portier darauf hin, daß es Diebe in der Gegend gab und daß ich deshalb nichts in meinem Auto lassen sollte – wenigstens nicht so, daß man es sehen konnte. Obwohl ich keine Angst hatte, daß mir etwas passieren würde, folgte ich seinem Rat und nahm meine Taschen mit auf das Hotelzimmer. Als ich am Abend ins Restaurant gehen wollte, warnte er mich auch noch vor Straßenräubern und Taschendieben.

Wegen all dieser Warnungen fühlte ich mich nicht so ganz unbeschwert, als ich durch die engen, dunklen Gassen ging, um ein original italienisches Abendessen einzunehmen. Aber ich wußte, daß ich damit das Schicksal nicht auf die Probe stellen würde und daß ich in Sicherheit war. Ich schritt daher guten Mutes voran durch die mondlose Nacht. Anstatt mich in den Gassen von den seltsamen Gestalten mit den langen Schatten bedroht zu fühlen, stellte ich mir die Situation als einen Spionage-Thriller vor, in dem ich die Rolle des James Bond spielte. Die Situation entbehrte nicht einer gewissen Komik, und ich freute mich schon auf meinen Heimweg nach dem opulenten

Mahl in dem wundervollen *Ristorante,* in das ich geführt worden war.

Wieder draußen auf der Straße, näherte sich mir eine Dame in Sachen »käufliche Liebesdienste«. Sie flüsterte mir auf italienisch etwas wie *Amore* zu, und ich brauchte einen Moment, um überhaupt zu begreifen, was hier gespielt wurde. Dann kam mir plötzlich die Idee, daß sie ja wie geschaffen war für meinen »Thriller«, ja, daß sie sogar schon das Kostüm für ihre Rolle trug. Ich konnte mir ein Lächeln nicht verkneifen, als ich meinen Arm um ihre Schulter legte und ihr versicherte, daß ich nicht interessiert sei. Sie lachte ebenfalls, und einen Moment lang spielten wir beide unsere Rolle, und amüsierten uns gemeinsam in der dunklen Straße über die alberne Handlung. Ich hege seitdem zärtliche Erinnerungen an dieses Lachen und daran, daß ich sie in diesem Moment wirklich geliebt habe, weil sie mir meinen »Film« vorgeführt und mir gezeigt hat, daß ich nichts zu befürchten hatte. Es war einfach vollkommen. Für beide von uns war dies ein Moment, auf den wir unser Leben lang gewartet hatten, und ich bin sicher, wir hatten beide großen Spaß daran.

Es gehört zu meinem Wesen, meine Schwestern und Brüder zu lieben

Nachdem ich wieder in mein Hotelzimmer zurückgekehrt war, sah ich, was dies für eine wundervolle Begegnung war. Die einzige wirklich liebevolle Erwiderung, die ich dieser Frau geben konnte, war meine Freude und mein Lachen. Es kam mir niemals in den Sinn, sie zu verurteilen.

»Phantastisch«, dachte ich, »jetzt lerne ich, wie ich meine Mitmenschen wirklich lieben kann. Ich muß noch nicht einmal fragen, wie es geht, sondern es geschieht ganz natürlich, indem ich einfach offen bin und keine Angst habe!«

Es erübrigt sich wohl zu erwähnen, daß ich natürlich niemals etwas verloren habe, weder in Rom noch sonst irgendwo auf meiner Reise, noch wurde ich jemals übers Ohr gehauen oder auf irgendeine Weise ausgenutzt. Im Gegenteil, immer und immer wieder bekam ich mehr, als ich gab. Noch heute bekomme ich Geschenke von meinen Freunden in Europa.

Ich möchte hier noch einmal festhalten, daß unsere innere Stimme oft durch Quellen spricht, die sich außerhalb von uns befinden. Wir können die Stimme tief in uns selbst hören, aber sie kann auch von unseren Mitmenschen kommen, aus Büchern, Kunst, Musik oder aus allem, was wir lieben oder lieben wollen. Liebe ist der Schlüssel.

»Ein Kurs in Wundern«, ein nützliches Hilfsmittel

Als ich dann wieder nach Amerika zurückkehrte, war ich sehr gepannt darauf, zu sehen, ob mein neugefundener Freund (der in Wirklichkeit schon ein alter

Freund war, wie ich vermutete), die innere Stimme, mich auch hier nicht im Stich lassen würde. Nachdem ich erst einmal den üblichen Kulturschock überwunden hatte – die Weite des Landes, die großen Autos, die alltägliche Hast –, machte ich mich an die Aufgabe heran, meine gesamte Energie der Verbesserung des Hörens zu widmen. Ich führte das erste Jahr meiner Studien am »Kurs« zu Ende und nannte mich nach dem Durcharbeiten des »Übungsbuches« – nicht ohne einen gewissen Stolz – sowohl Schüler als auch Lehrer. Das vollständige Bewußtsein eines inneren Führers, auch Heiliger Geist oder »eine Stimme für Gott« genannt, ist das Ziel der 365 Lektionen dieses Buches. Der Epilog am Schluß ermuntert die Schüler, ihrem inneren Führer auf die folgende Weise Gehör zu schenken (Übungsbuch S. 488-489):

ER wird deine Bemühung lenken, indem ER dir genau sagt, was du tun sollst, wie du deinen Geist lenken und wann du in Schweigen zu IHM kommen sollst, um IHN um SEINE sichere Leitung und SEIN sicheres WORT zu bitten. SEIN ist das WORT, das GOTT dir gab. SEIN ist das WORT, das du zu deinem eigenen wähltest.

Und jetzt befehl' ich dich in SEINE Hände, damit du treu IHM nachfolgst und ER dich führen möge durch jede Schwierigkeit und jeden Schmerz hindurch, den du für wirklich halten magst. ER wird dir keine Freuden geben, die vergehen, denn ER gibt einzig das, was ewig und was gut ist. Laß IHN dich weiter vorbereiten. ER hat dein Vertrauen verdient, indem ER täglich zu dir spricht von deinem VATER, *deinem Bruder und von deinem* SELBST. ER *wird so weitermachen. Nun gehst du mit* IHM, *ebenso gewiß wie* ER, *wohin du gehst, sicher wie* ER, *wie du vorgehen sollst, und ebenso zuversichtlich wie* ER *hinsichtlich des Ziels und deiner sicheren Ankunft am Ende.*

Das Ende ist gewiß, und ebenso sind es die Mittel. Dazu sagen wir »Amen«. Dir wird ein jedes Mal, wenn eine Wahl zu treffen ist, genau gesagt werden, was GOTT *für dich will. Und* ER *wird für* GOTT *und für dein* SELBST *sprechen und dergestalt sicherstellen, daß die Hölle keinen Anspruch auf dich geltend machen wird und daß jede Wahl, die du triffst, dir den* HIMMEL *näher rückt. So gehen wir von diesem Zeitpunkt an mit* IHM *und wenden uns an* IHN *um Führung und um Frieden und um sichere Weisung. Freude begleitet uns auf unserem Weg. Denn wir gehen heimwärts, zu einer offenen Tür, die* GOTT *unverschlossen hielt, um uns willkommen zu heißen.*

Wir vertrauen IHM *unsere Wege an und sagen »Amen«. In Frieden werden wir auf* SEINEM *Weg weitergehen und* IHM *alle Dinge anvertrauen. In Zuversicht erwarten wir* SEINE *Antworten, während wir in allem, was wir tun, nach* SEINEM WILLEN *fragen.* ER *liebt* GOTTES SOHN *so, wie wir ihn lieben möchten. Und* ER *lehrt uns, wie wir ihn mit* SEINEN *Augen sehen und ihn so wie* ER *lieben können. Du gehst nicht allein. Die Engel* GOTTES *schweben in der Nähe und überall.* SEINE LIEBE *umgibt dich, und dessen sei gewiß: daß ich dich niemals ungetröstet lassen werde.*

Viele Wege führen zu unserer inneren Stimme

Nachdem ich das »Übungsbuch« durchgearbeitet hatte, nahm ich die folgenden Monate an verschiedenen Gruppen teil, die ebenfalls das Material aus »Ein Kurs in Wundern« studierten, und konnte beobachten, daß sich diese Studien auf vielfältige Weise bemerkbar machten. Einige Kursteilnehmer kamen durch Singen oder Spielen von Instrumenten in Berührung mit ihrer inneren Stimme, andere durch lange Zeiten der Meditation, einige durch Gespräche und Anteilnahme, wieder andere durch traditionellere Formen wie Lesen und stilles Studium.

Ich konnte meine innere Stimme beim Laufen, beim Segeln, beim Bauen oder in der Meditation finden oder indem ich einfach einen Moment lang ruhig wurde. Langsam entwickelte sich in mir die Gewißheit, daß ich ständigen Kontakt zu dieser wunderbaren Quelle haben konnte.

Im folgenden Kapitel werde ich ausführlich auf die zehn Stufen eingehen, die mir durch inneres Hören gegeben wurden. Sie können dir helfen, deinen eigenen Weg zu finden. Es ist wichtig, daß du deinen inneren Führer befragst, wie du am besten hören kannst, und dann deiner eigenen inneren Führung folgst. Jeder von uns hat seinen eigenen Weg.

4
Zehn Ratschläge zum besseren Hören

Inneres Hören stellt unsere Verbindung mit der Kraft her, die über die Schöpfung herrscht. Im folgenden werde ich der Klarheit halber für diese das Wort »Gott« verwenden. Man könnte nach Belieben auch andere Worte nehmen, wie »oberstes Prinzip«, »Liebe«, »Ordnung« oder andere kulturabhängige Namen für Gott. Unsere innere Stimme ist unsere Verbindung zu Gott und von daher auch zu allem Wissen, aller Kreativität und Harmonie. Wie können wir nun dieses Hören in unserem Leben verwirklichen? Dazu zehn Ratschläge:

1. Wir müssen still sein

Wir müssen unsere Gedanken ruhigstellen, sie widerstandslos durch uns hindurchgehen lassen, bis allein der Wunsch übrigbleibt, zu hören. Wir müssen alle Vorstellungen davon, was wir brauchen, fallenlassen,

61

die Forderungen unseres Körpers zur Ruhe bringen
und einen offenen Raum in unserem Geist schaffen,
damit wir hören können. Es ist nützlich, alle Vorstel-
lungen davon, wer wir sind und was wir glauben, über
Bord zu werfen – selbst so tief verwurzelte Vorstellun-
gen wie das, was wir »gut« oder »böse« nennen.

Wir wurden in spiritueller Harmonie mit dem
Universum geschaffen und mit einem eigenen Willen
ausgestattet. Kein »fremder« Wille kann uns aufge-
zwungen werden, es sei denn, wir lassen es zu. Unser
Geist ist sehr mächtig; er schafft sich die Welt, so wie
wir sie wahrnehmen. Bereitwilligkeit ist demnach die
Grundvoraussetzung dafür, daß wir überhaupt etwas
erleben, einschließlich der Wahrnehmung unserer inneren Stimme. Diese zwingt uns nämlich keineswegs,
uns ihr zu fügen, und sie ist weder laut noch befehle-
risch. Die Stimmen der Welt hingegen sind widerstrei-
tende Geräusche, die schrill an unser Ohr drängen. Sie
haben keine Macht über uns und leben ausschließlich
von der Kraft, die wir ihnen geben. Ihre Grundlage ist
die Angst, und wie alle Tyrannen versuchen sie sich
allein durch Lärm und Verwirrung durchzusetzen. In
dem Maße, in dem wir unseren Geist zur Ruhe bringen,
können wir uns harmonisch der Führung unserer inneren Stimme anpassen. Wir schaffen uns eine stille,
bereitwillige, empfängliche Grundstimmung, die wir
leicht so abstimmen können, daß sie unserem Besten
dient, während alle äußeren Geräusche ausgeblendet
werden.

Um richtig hören zu können, müssen wir den

Wunsch entwickeln, unsere *Wahrnehmung* der Welt zu verändern. Das ist ein großer Unterschied zu dem Wunsch, die Welt selbst zu verändern.

Wir müssen für unsere gegenwärtige Wahrnehmung der Welt, die die Ursache unserer derzeitigen Erfahrungen ist, die Verantwortung übernehmen, und wir müssen bereit sein, neue Wege zu suchen, andere Deutungsmöglichkeiten zu hören und mit neuen Augen zu sehen. Alles, was dazu nötig ist, haben wir in uns, und es steht uns zur Verfügung, wenn wir bereit sind, unsere anderen Bestrebungen zur Ruhe zu bringen.

2. Bei einer Frage nicht schon an die Antwort denken

Es ist sehr schwierig zu hören, solange wir eine bestimmte Antwort wünschen. Wir dürfen nicht vergessen, daß wir nicht wissen, was für uns das »Beste« ist, und sollten das annehmen, was uns gegeben wird. Niemand, der meint, schon zu wissen, wird wirklich fragen können.

Viele unserer »Fragen« wollen gar nicht wirklich beantwortet werden. Sie dienen lediglich dazu, das zu rechtfertigen, was wir bereits glauben. Wie sollen wir die Antwort so, wie sie uns gegeben wird, annehmen können, wenn wir vorher schon entschieden haben, wie sie aussehen soll, und wie soll sie uns betreffen, wenn wir unseren Geist für den Empfang der wirklichen Antwort, die für uns die einzig richtige ist, verschließen?

Wir sind wie das Kind, das fragt: »Wann bekomme ich endlich mein Eis, damit ich glücklich sein kann?« So fragen auch wir: »Wann bekomme ich endlich, was ich will, Gott?« Wenn dann die Antwort lautet: »Was du dir wünschst, ist nicht gut für dich«, dann weigern wir uns, sie zu hören.

Wir müssen statt dessen in unserem Herzen sagen: »Ich nehme bereitwillig die Antwort an, die mir als die Wahrheit gegeben wird, gleichgültig, ob sie mir gefällt oder nicht.«

Wir müssen das wirklich in unserem Herzen so meinen, denn alle wirklichen Fragen werden von dort gefragt. Was unsere Lippen sagen, ist oft ohne Bedeutung, denn die Sehnsucht unseres Herzens ist unser wahres Verlangen. Was wir in unserem Herzen wollen, hat Vorrang vor allen anderen Bitten.

3. Mit Zuversicht hören

Selbst wenn wir es nicht merken, werden wir gelenkt. Wir sind da, wo wir sein sollen, und tun, wozu wir bestimmt sind. Ob Gottes Wille geschieht, hängt nicht davon ab, ob wir hören oder nicht.

In Wirklichkeit brauchen wir gar keinen Donner, keinen frommen Schauder, keine Stimme, nicht einmal einen Einfall. Was auch immer gerade geschieht, ist genau das, was geschehen soll, und ist ein Segen. Viele unserer Anfragen sind bloß Variationen der Frage: »Warum muß mir das passieren?« Daraus spricht unser Versuch, das, was geschieht, mit dem in Übereinstimmung zu bringen, was unserer Ansicht nach geschehen sollte. Wir sind von einem Wall von Tod und Krankheit, von Körperhaftigkeit und all den Formen dieser Welt umgeben. Wir besitzen viele vorgefaßte Meinungen darüber, was zu geschehen hat und was unserer Meinung nach das Beste wäre. Diese Meinungen sind das Ergebnis unserer subjektiven Wahrnehmung der Welt, sie sind nicht die Realität selbst, sondern entspringen dem Bedürfnis, über unser Erleben die Oberhand zu gewinnen.

Wir verschwenden unsere Zeit damit, Gott zu bitten, uns den Irrsinn unserer Welt zu erklären, den wir selbst durch unsere Ansichten und durch das, was wir glauben, verursachen. Dann bitten wir Ihn auch noch, in diesen Irrsinn einzugreifen, um unsere Fehler für uns zu korrigieren – nicht nur sie zu korrigieren, sondern auch noch die Folgen unserer Fehler zu beseitigen – und uns zu gestatten, dieselben Fehler immer und immer wieder zu machen, nur ohne die üblichen schmerzhaften Konsequenzen.

Unsere innere Stimme erklärt uns geduldig immer noch einmal die Situation und versichert uns, daß alles gut ist – wo wir nichts als Chaos sehen können. Irgendwann wird es uns wie Schuppen von den Augen fallen, daß das einzige echte Anliegen lautet: »Schenke uns Deinen Segen und lehre uns die Lektion, die Du uns lehren willst.« Dann werden wir herausfinden, daß alles, was die ganze Zeit geschieht, zu unserem Glück geschieht und daß wir eine Chance nach der anderen bekommen, unsere Lektionen zu lernen.

Daher bringt die Frage »Was geschieht hier?« keine nützliche Antwort, wenn sie nur mit der Absicht gestellt wird, die Situation zu verändern, und nicht weil wir erfahren wollen, welche Lektion für uns damit verbunden ist. Die endgültige Antwort auf die Frage »Warum muß das so sein?« ist immer: »Es ist alles in Ordnung, ungeachtet dessen, was wir sehen, denken oder fühlen oder was andere uns weismachen wollen.« Gottes Wille waltet immer und überall, gleichgültig, ob wir es merken oder nicht.

4. Gottes Stimme ist allgegenwärtig

Sei offen für alle Quellen, denn alle Dinge sind der Widerhall der Stimme Gottes. Die Wahrheit wird bestehen, und der Rest wird vergehen. Lieder, Bücher, Ideen, Freunde, ja selbst »Feinde« legen Zeugnis ab für Gottes Liebe. Du solltest daher jeden Tag etwas Zeit dafür reservieren, zu hören und zu schreiben. Deine Bereitschaft ist die einzige Voraussetzung, die zum Hören notwendig ist. Wir können unsere Wahrnehmung auf Botschaften einstimmen, die aus den verschiedensten Quellen zu uns dringen.

Bei diesem vierten Punkt wollen wir etwas länger verweilen. Die Welt legt uns nahe, daß wir uns über alles ein Urteil bilden müssen, was in unser Bewußtsein kommt, weil sonst die Gefahr besteht, daß wir ein großes Durcheinander von widersprüchlichen Informationen erhalten. Aber das trifft möglicherweise gar nicht zu. Robert Varley machte dazu 1983 auf einer Konferenz in Palomar, Kalifornien, einige interessante Ausführungen. Er sagte, daß er die meiste Zeit seines Lebens geglaubt habe, daß er alles, was auf ihn zukomme, filtern müsse, um das Gute vom Schlechten zu unterscheiden. Schließlich habe er begonnen, dies in Frage zu stellen, und beschlossen, alles unterschiedslos aufzunehmen und das Urteilen dem inneren Führer zu überlassen. Die Folgen dieser Verhaltensweise sind bemerkenswert.

Zuerst einmal beendet sie unsere Neigung zu vorschnellem Urteilen und überläßt dann das Urteilen dem, der dafür zuständig ist – unserer inneren Stimme und nicht unseren fünf Sinnen und vergangenen Erfahrungen.

Robert hatte die Erfahrung gemacht, daß das Nützliche auf diese Weise erhalten blieb, während Unnützes einfach verschwand. Es ist eine wunderbare Methode. Zum Beispiel urteilen wir oft über Menschen aufgrund dessen, was sie denken – wenn sie Vorstellungen haben, die uns etwas weltfremd vorkommen, und besonders, wenn sie Überzeugungen vertreten, die wir für falsch halten, weil sie von den unsrigen abweichen. Entweder wollen wir sie schnell dazu bringen, ihre Meinung zu ändern, oder wir stecken sie in eine Schublade zu den Leuten, die sowieso nicht wissen, was los ist.

Wenn ihre Überzeugung unserer Meinung nach anderen schadet und wir glauben, daß es anders »besser geht«, dann sind wir versucht, beinahe alle Mittel anzuwenden, die nicht gerade gewalttätig sind, um sie zum Schweigen zu bringen oder sie zu ändern. Streiten und Lächerlichmachen sind zwei beliebte Mittel für solcherlei Situationen. Wir müssen allerdings zugeben, daß diese Methoden selten jemandes Meinung ändern können, noch tragen sie dazu bei, daß einer der beiden Beteiligten aus solch einer Begegnung zufriedener oder froher wieder herauskommt, als er hineingegangen ist.

Wenn es uns nicht gelingt, jemanden zu verändern, beschließen wir oft, ihn zu ignorieren. Diese Methode, besonders wenn sie mit der Selbstverleihung eines Heiligenscheines einhergeht, ist für eine gewisse Zeit besonders befriedigend, bis man dann aber doch merkt, daß man sich oft sehr allein und nicht wohl in seiner Haut fühlt. Frieden wird weder dadurch hergestellt, daß man einen Streit vom Zaune bricht, noch indem man meint, der andere müßte sich ändern.

Robert Varley schlägt vor, daß wir sämtliche Gedanken, ohne sie zu filtern, ins Bewußtsein treten lassen, daß wir sie, ohne zu urteilen, durch den Kopf gehen lassen und daß wir uns mit der Person, von der die Gedanken ausgehen, identifizieren und sie lieben – als die Person, die sie wirklich ist, egal, ob das, was sie sagt, sich in Übereinstimmung mit unserem eigenen Denken und Meinen befindet oder nicht.

Diese Technik funktioniert. Oft stellen wir dabei

sogar fest, daß wir uns in größerer Übereinstimmung mit dem anderen befinden, als wir ursprünglich geglaubt haben. Unser Wunsch, einen »Gegner« zu lieben, öffnet sowohl sein Herz wie das unsrige. Das, was nützlich ist, hält sich dann in beiden von uns, was nicht, verschwindet einfach.

Das bedeutet jedoch nicht, daß wir etwa alle Ideen auch annehmen und ausführen sollen. Wir sollen lediglich nicht die Tür unseres Hauses vor neuen Ideen verschließen, nur weil wir sie von vornherein für falsch halten. Wir müssen sozusagen im Haus bleiben und jemandem, der weiser ist als wir, erlauben, die Tür zu bewachen. Dann werden alle Gedanken, die zu uns finden sollen, hereinkommen, und alle, die fehl am Platze sind, werden draußen bleiben oder einfach durch den Hinterausgang wieder verschwinden. Unsere eigenen Gedanken müssen wir allerdings selbst bewachen, und wir sollten unseren Geist dazu ermutigen, liebevoll, offen, vertrauensvoll und ehrlich zu sein. Wenn wir anstreben, daß unsere Gedanken nur den höchsten Pfad gehen, so wie wir von unserem inneren Führer auf ihm geleitet werden, dann brauchen wir uns um die Gedanken anderer nicht zu kümmern. Sie haben ihren eigenen Führer, der aus demselben Ursprung kommt wie der unsrige.

5. Die Antwort annehmen – geduldig sein

Vielleicht bekommen wir nicht die Antwort, die wir uns wünschen, doch es wird die richtige sein. Wir müssen Geduld haben. Die Antwort wird zur richtigen Zeit kommen. Wir sollten über die Botschaft oder denjenigen, der die Botschaft überbringt, nicht urteilen und sollten ein Zeichen geben, daß wir die Antwort annehmen, indem wir auf sie reagieren. Die Antwort ist immer eine Art von Vergebung für uns selbst und für andere.

Wenn wir die Antwort nicht sofort bekommen, dann ist es vielleicht noch nicht an der Zeit. Selbst wenn wir uns bereit für die Antwort fühlen, sind vielleicht all die anderen, die an dem Ereignis beteiligt sind, noch nicht so weit. Also warten wir einfach. Wir müssen lernen, nicht nur zu fragen, was wir tun sollen, sondern auch, wann und wie wir es tun sollen. Es wäre falsch, vorauszusetzen, daß die Zeit reif ist, nur weil wir bereit sind. Ebenso falsch wäre es, anzunehmen, daß wir etwas zu tun haben, allein weil wir merken, was passiert, oder weil wir sehen, daß etwas getan werden muß. Statt dessen müssen wir uns immer und immer wieder fragen, bis wir sicher sein können, daß wir mit Liebe und Führung vorgehen.

Mit der Zeit, wenn wir unserem inneren Führer mehr und mehr Fragen stellen, wird uns auffallen, daß wir irgendwann immer weniger Fragen haben. Anfangs wird unsere Standardfrage lauten: »Was soll ich jetzt tun?«, und die Antwort wird lauten: »Nichts. Es ist für alles gesorgt.« Wir lernen, statt dessen zu fragen: »Was geht hier vor?«, »Was bedeutet das?«, »Was kann ich daraus lernen?« Das sind die Fragen, die uns gestatten, inneren Frieden zu finden.

Wir werden ein Bewußtsein dafür entwickeln, daß zu allen Zeiten ein Plan am Werk ist und daß dieser Plan zu unser aller Wohl geschieht. Lediglich unsere Unfähigkeit, den Plan und die Rolle, die wir in ihm spielen, zu verstehen, ist es, was uns Schmerzen bereitet. Wenn wir einsehen, daß wir nicht verstehen, was da vor sich geht, und daß alles, was es mit sich bringt, immer zu unser aller Wohl geschieht, dann können wir eigentlich nur noch eine Frage haben, nämlich: »Was bedeutet das? Hilf mir bitte sehen. Ich verstehe nicht, was ich daraus lernen kann.« Dies ist unsere ehrlichste Fragestellung. Die meisten unserer anderen Fragen sind lediglich peinliche Versuche, unseren inneren Führer dazu zu bringen, unseren Vorurteilen, Plänen und Entscheidungen zuzustimmen.

Sobald wir wissen, daß alles zu unserem Besten geschieht, können wir unsere Aufmerksamkeit auf das, was um uns herum und in uns ist, richten und darauf hören, was unser innerer Führer dazu sagt. Wenn wir wirklich hören, werden wir entdecken, daß das Leben als Ganzes uns die Antwort vermittelt und daß es uns sozusagen ein großes Plakat vor Augen hält, auf dem geschrieben steht: »Es ist wunderbar! Du wirst geliebt!«

Dieses Wunder ist nur für uns da, es sei denn, wir sind blind dafür und sehen nicht hin. Vielleicht sind wir

so vertieft darin, die Wirklichkeit durch unser Mikro-
skop zu betrachten und all die verschiedenen Details zu
untersuchen, daß wir das ganze wunderschöne Bild
nicht sehen.

Wenn wir hingegen das Ganze in den Blick bekommen können, werden wir für unser Leben eine
völlig neue Perspektive gewinnen. Wir können sehen,
daß wir einen Führer haben, der uns in aller Stille die
Hindernisse aus dem Weg räumt, während wir – kurz-
sichtig wie wir sind – uns durch unser Leben tasten und
dabei oft gar nicht merken, was um uns herum vor sich
geht.

Ein Beispiel

Es kommt jetzt darauf an, daß wir empfänglich für
sämtliche Informationsquellen werden. Ein gutes Beispiel erlebte ich, als ich eine Broschüre für eine meiner
Vortragsreisen drucken lassen wollte. Ich hatte sehr
viel Zeit damit verbracht, aufzuschreiben, was ich über
das Hören alles gelernt hatte, und nun übergab ich es
dem Setzer. Als ich dann die Satzfahnen noch einmal
durchlas, machte ich Korrekturen und merkte, daß es
immer noch nicht richtig war. Ich versuchte mehrmals
vergeblich, alles richtigzustellen, bis ich schließlich
vollkommen frustriert war. Mit jedem Blatt, das ge-
setzt wurde und dann doch in den Papierkorb wanderte,
stiegen meine Kosten. Daß jemand, der einen Vortrag
über das Hören der inneren Stimme halten wollte, nicht

einmal selbst hören konnte, welches Material seine Broschüre über dieses Thema beinhalten sollte, war wirklich sehr beschämend.

Schließlich schaute mich der Setzer, der alle meine Versuche gelesen hatte, aber (wie ich meinte) nichts über das Hören wußte, an, lächelte und sagte: »Vielleicht sollten Sie es einmal mit Hören versuchen?«

»Verflixt«, dachte ich, »was glaubt der denn, wer er ist, mir so etwas zu sagen?«

Meine innere Stimme gab sogleich darauf die Antwort: »Dein lieber Bruder mit der Wahrheit, wer denn sonst?«

Als ich dann innehielt und mich fragte, was ich denn tun sollte, da wurde mir klar, daß ich ständig darüber schrieb, *wie* ich das Hören der inneren Stimme übte, und nicht, worum es beim Hören eigentlich geht und wie sich mein Leben dadurch verändert hat. Erst als ich bereit war, wirklich zu hören, ohne dabei schon an die Antwort zu denken, kamen mir die richtigen Ideen. (Wie es sich ergab, wurde die Broschüre gerade noch rechtzeitig für eine Konferenz in Pasadena fertig. Einen Tag vor dem Druck der endgültigen Fassung erhielt ich eine Einladung, dort zu sprechen. So konnte ich sie am folgenden Tag als biographisches Material aussenden, zumal das genau das war, worum die Konferenzleitung gebeten hatte.)

6. Eine einzige Stimme

Die wahre innere Stimme ist denjenigen, die ein Verlangen nach der Wahrheit haben, immer bekannt. Es ist die feine leise Stimme, die von Liebe und Frieden spricht. Es ist überhaupt nicht nötig, sich von der Illusion vieler verschiedener Stimmen verwirren zu lassen. Die wahre Stimme werden wir daran erkennen, daß wir, sobald wir sie haben, von Frieden umgeben sind.

Was können wir also daraus schließen? Die Botschaft wird nicht durch die Form, in der sie kommt, bestimmt. Weil alle wertvollen Botschaften geistiger Natur sind, ist ihre Form unerheblich. Damit stellen wir wieder einmal das »alltägliche« Denken auf den Kopf, nach dem die Form einer Botschaft ihren Wert bestimmt. Ihre Form spielt keine Rolle für uns, genausowenig wie ihr Überbringer. Die Botschaft kann von Willie Nelson in seinem Song »Live One Day at a Time« genausogut vermittelt werden wie von einem fünfjährigen Kind, einem Plakat, einem guten Buch, den Nachrichten, einem Politiker, einem Priester oder von unserem bestgehaßten Feind.

Wenn wir offen sind, werden wir merken, wann wir die Wahrheit hören, selbst wenn sie von allen möglichen Ablenkungen begleitet ist.

Damit ist eigentlich bereits alles gesagt. Wenn wir einmal darüber nachdenken, dann fällt uns sicher ein, wann wir in der Vergangenheit diesen Kontakt mit den Ursprüngen der Harmonie und der Liebe verspürt haben. Wir sind dann umgeben von Frieden und haben das Gefühl, daß die Welt in Ordnung ist. Innerer Friede und innere Freude führen uns geradewegs zur Erkenntnis der Wahrheit in der Gegenwart.

7. Im Zweifel: Weiterhören!

Wenn die Wahrheit im tiefsten Inneren zu uns kommt, werden wir es immer merken. Wir werden den Frieden spüren und sagen: »Natürlich!« Wenn wir verwirrt sind und voller Angst und Zweifel, müssen wir immer wieder in uns hineinhören. Alle Verwirrungen sind unser eigenes Produkt, wir brauchen sie nur loszulassen.

Wenn wir erst einmal merken, daß wir deutlich etwas hören können, dann werden wir auch feststellen, daß unser ganzes Leben viel leichter geht. Wir werden immer mehr Bestätigungen dafür finden, daß das, was wir hören, richtig ist. Alle inneren Widerstände dagegen, der inneren Stimme nachzufolgen, werden fallen. Wenn die Quelle einmal zeitweise versiegen sollte, werden wir einfach ruhig, hören noch einmal hin, und schon wird die Quelle wieder fließen. (Das Gefühl, »harmonisch im Fluß zu sein«, ist für mich ein schönes Zeichen dafür, daß ich meine innere Stimme höre.)

Für eine gewisse Zeit werden wir noch fortfahren zu fragen: »Ist das nun die richtige Entscheidung?« oder: »Tue ich jetzt das Richtige?«

Vielleicht trauen wir uns selbst nicht ganz, weil so

viele Entscheidungen, die wir in der Vergangenheit getroffen haben und die damals richtig schienen, sich später als Fehlentscheidungen erwiesen. Wenn wir wirklich hören, können wir uns diese Frustrationen ersparen. Unsere innere Führung macht es uns mit der Zeit immer leichter, zu hören und im Hören bestärkt zu werden, bis wir dann das Gefühl bekommen, daß da außer uns selbst noch jemand ist, der die Dinge geschehen läßt. Die Folge des inneren Hörens sind Wunder. Wir wirken keine Wunder, sondern wir erfahren welche. Sie sind die natürliche Folge des Hörens auf unsere innere Stimme.

Wenn wir, ohne eine bestimmte Antwort zu erwarten, und ohne versteckte Absichten gehört haben, dann wird das, was wir hören, funktionieren und segensreich für alle sein.

Wenn wir hingegen mit Vorbedacht und der fertigen Antwort im Hinterkopf gehört haben – wir alle sind nicht ganz frei davon –, werden wir eben merken, daß wir noch einmal fragen müssen. Jedesmal, wenn wir dann einen neuen Versuch zu hören machen, wird uns unser Vorbedacht deutlich vor Augen geführt, und wir sehen, was wir daraus lernen können und wie wir unser Vorurteil fallenlassen können. Wir lernen nicht, *etwas* besser zu tun, sondern wir lernen, *nichts* zu tun und das, was wir tun oder was unserer Ansicht nach getan werden muß, sein zu lassen!

8. Wenn du zufrieden bist, mach weiter!

Wir müssen unsere innere Stimme nicht für alles um Erlaubnis bitten. Das würde eher von Angst als von Vertrauen zeugen. Wir müssen vielmehr ein Verlangen danach entwickeln, den Willen Gottes zu tun und ganz wach zu sein. Unsere Frage soll immer lauten: »Was bedeutet das?« Sobald unser Friede gestört ist, sollten wir innehalten, um Rat fragen und niemals etwas erzwingen wollen. Wir sollten unseren Willen mit dem Willen Gottes vereinigen. Das heißt loslassen!

Wir sollten darauf achten, in unserem Alltag nach dem Motto zu handeln: »Weitermachen, bis die nächste Anweisung kommt!« Wenn wir uns angewöhnen, jederzeit bereit zum Hören zu sein, werden wir irgendwann einmal einfach weitermachen, ohne dauernd unsicher zu werden und wegen jedem kleinen bißchen zu fragen. Unsere innere Stimme wird uns alarmieren, wenn etwas in die falsche Richtung geht. Bis es so weit ist, beweist das ständige Fragen wahrscheinlich nur einen Mangel an Vertrauen und dient dazu, unserer eigenen Verantwortung aus dem Wege zu gehen. Wir können davon ausgehen, daß unsere innere Stimme jederzeit zur Stelle ist und daß alles in Ordnung gehen wird. Falls doch einmal etwas schiefgehen sollte (in dem Sinne, daß die Harmonie gestört ist), werden wir es schon merken, denn das Gefühl von Frieden und innerer Freude wird uns verlassen. Dann sollten wir uns umgehend wieder dem Hören widmen. Wir können mit Kraft und Vertrauen weitermachen und unsere

Antennen weit ausgefahren halten, um immer in Kontakt zu bleiben. Angst, Unwohlsein, Schmerz und leichte Reizbarkeit sind Anzeichen, innezuhalten und besser hinzuhören.

Wir können, wenn wir das Sichten und Entscheiden einer Instanz außerhalb unseres eigenen Urteilens und Wahrnehmens überlassen, gar nichts falsch machen, denn unsere innere Stimme wird uns vor Schaden bewahren. Selbst wenn wir dann einmal einen falschen Gedanken annehmen, wird er sich selbst disqualifizieren, weil er entweder zu nichts führt oder weil er so zur Last wird, daß wir ihn schließlich doch wieder fallenlassen. Indem wir es unserer inneren Stimme überlassen, die Auswahl zu treffen, sparen wir Zeit, und außerdem macht es mehr Spaß. Das ist das Erstaunliche: Hören und sich führen lassen kann sogar Spaß machen.

Selbst wenn wir etwas Falsches hören, kann uns nichts passieren. Wir werden dennoch unser Ziel nicht verfehlen. Nur wenn wir nicht hören, machen wir einen Umweg.

Wenn wir uns das vor Augen halten, kann es uns helfen, besser zu hören, denn Hören bedeutet, den mit am wenigsten Schmerzen verbundenen Weg mit den besten Aussichten zu nehmen. Wenn der Pfad des Lebens holprig wird, erinnert uns das daran, daß wir irgendwo falsch abgebogen sind und daß wir wieder auf den richtigen Weg zurückkommen können, indem wir anhalten und unsere innere Stimme nach der richtigen Route fragen, weil sie die einzige richtige Landkarte hat. Selbst wenn es unmöglich scheint, wieder zurückzufinden, und alles durcheinandergeraten ist, ist doch unser Führer immer da und wird sich uns wieder zuwenden, wenn wir bereit sind, zu hören und seiner Anleitung zu folgen.

Diese Erkenntnis ist vor allem auch immer dann nützlich, wenn wir andere sehen, die unserer Meinung nach Hilfe brauchen. Anscheinend sind sie nicht dazu bereit, nach innen zu gehen, auf ihre innere Stimme zu hören und im Frieden zu sein. Wir dürfen jedoch dabei nicht vergessen, daß sie sich nur vorübergehend auf Abwegen befinden und daß sie, sobald sie bereit dazu und willens sind, wieder auf ihren Hauptweg zurückfinden werden, denn es gibt niemanden, der seine innere Stimme nicht wenigstens ein bißchen hört. Diejenigen, die anscheinend unserer Führung bedürfen, brauchen in Wirklichkeit unsere Liebe, unsere Unterstützung und unsere Ermutigung. Wir sollten der Versuchung widerstehen, uns zu ihrem Führer zu machen, denn das ist nicht unsere Aufgabe. Sie haben, genau wie wir, ihren eigenen Führer, der jederzeit darauf wartet zu helfen und der sich genauestens über die Umstände im klaren ist und weiß, was wirklich gebraucht wird.

9. Hören, um sich zu vergewissern

Der Sinn des Hörens ist der Friede. Wir sollten hören, um zu erfahren, was getan wird, und nicht nur, um herauszubekommen, was wir tun sollen. Wenn wir übellaunig sind, liegt das nur daran, daß unsere Wahrnehmung gestört ist. Alles ist im Grunde gut.

Eine Frau, die mit mir an einer Gruppe über »Ein Kurs in Wundern« teilgenommen hat, drückte diesen Gedanken einmal so aus: Sie betrachtet die Ideen als Samen, die, sobald sie zu Boden fallen, entweder aufgehen und wachsen oder aber absterben. Es ist nicht unsere Aufgabe, alle Samen zu erhalten, sondern wir müssen die jungen Pflanzen pflegen. Selbst die Samen, die nicht wachsen, sind nützlich, denn sie dienen als Nahrung für die wachsenden.

Ich machte diese Erfahrung bei der Arbeit in einer Werbeagentur. Zum Erfinden neuer Werbeideen veranstalteten wir sogenannte »Think-tank«-Sitzungen. Solange dabei alle Ideen akzeptiert und weitergesponnen wurden, lief die Sitzung wunderbar und brachte eine Menge neuer und origineller Ideen hervor. Sobald wir aber anfingen, Ideen zu kritisieren, versiegte unser ganzer Vorrat an Einfällen. Bei diesen Sitzungen galt die Grundregel: »Du kannst entweder auf Ideen eingehen oder neue Ideen präsentieren, aber du darfst niemals irgendeinen Einfall kritisieren.«

Man könnte es auch so sagen: Es gibt einen unbegrenzten Vorrat an Ideen, die sich auf alle möglichen Situationen beziehen. Wenn wir offen sind, nehmen wir alle verfügbaren Ideen auf. Nachdem wir sie aufgenommen haben, beginnen diejenigen, die wirken sollen, zu wachsen und nehmen Form an. Die restlichen ruhen vielleicht, bis sie später einmal gebraucht werden, oder dienen neuen Ideen zur Nahrung. Wenn wir gleich zu Beginn die nützlichen Ideen auswählen oder gute und schlechte Ideen unterscheiden, könnten uns einige richtige entgehen, und wir würden womöglich aufhören zu suchen, bevor wir eine angemessene Lösung gefunden haben.

Wir werden niemals mit der Nase auf die richtige Lösung gestoßen; es erfordert unseren Willen, sie anzustreben. Dann wird sie uns gegeben, oder vielmehr: Wir werden uns ihrer bewußt. Wir sollten niemals anderen irgendwelche Ideen aufzwingen.

10. Tägliche Hingabe

Um gut hören zu können, müssen wir den Wunsch haben, unsere Wahrnehmung der Welt zu verändern. Wir müssen für unsere gegenwärtigen Wahrnehmungen die Verantwortung übernehmen und gleichzeitig bereit sein, in Zukunft anders zu sehen. »Ein Kurs in Wundern« stellt alles notwendige Wissen dazu bereit. Das Ziel dieses Werkes ist es, uns die Gegenwart eines Lehrers bewußt zu machen, den wir allzeit in Form der inneren Stimme, die uns führt, bei uns haben.

Es ist nützlich, jeden Tag gewisse Zeiten einzig dem Zweck vorzubehalten, mit unserer inneren

Stimme in Kontakt zu treten, und zwar mindestens ein halbe Stunde jeden Morgen und jeden Abend. Das Gehörte aufzuschreiben und später noch einmal zu lesen ist dabei eine Hilfe. Jede Mühe, die man in dieser Hinsicht auf sich nimmt, wird belohnt.

Botschaften, die zur Mitteilung bestimmt sind, können wir mitteilen. Ansonsten sollten wir jedoch bedenken, daß die innere Führung, die uns zuteil wird, in erster Linie für uns selbst ist. Es ist äußerst selten, daß wir Botschaften erhalten, die für andere bestimmt sind.

Es ist an uns, unsere Lektionen zu lernen, dem Gehörten zu folgen und uns dann über unsere Erfahrungen mit denen auszutauschen, die ein ausdrückliches Interesse daran bekunden. Wenn wir etwas mitteilen sollen, wird es uns gesagt werden, und wir werden zu denen geführt, die den Wunsch haben zu lernen. Dabei dürfen wir wiederum nicht vergessen, daß jeder seinen eigenen Führer hat. (In Wirklichkeit gibt es nur *einen* Führer und *eine* Quelle, aber diese können in vielen verschiedenen Formen erlebt werden.) Wenn andere mich bitten, für sie zu hören, sagt mir normalerweise meine innere Stimme, daß ich ihnen helfen soll, selbst zu hören. Wir können uns zwar als Gruppe zusammentun und gemeinsam unsere Fähigkeit zu hören verstärken, aber die Botschaften, die wir hören, selbst in Gruppen, sind immer in erster Linie für uns selbst. Sich zum Hören in Gruppen zusammenzufinden kann eine sehr effektive Methode sein und gibt uns oft ein gesteigertes Gefühl des Friedens und der Lebensfreude.

Niemals sollten wir die Botschaften, die wir hö-
ren, dazu mißbrauchen, andere anzugreifen oder dazu
zu zwingen, etwas so zu machen, wie wir es wollen.
Das ist niemals die Absicht einer Führung, die uns
zuteil wird. Die Botschaften unserer inneren Stimme
haben immer mit Nächstenliebe und gegenseitiger Un-
terstützung zu tun. Andere in Not zu sehen und danach
zu trachten, dieser Not abzuhelfen – oder auch nur das
Verlangen zu verspüren, diese Not zu lindern –, hat
jedoch weder etwas mit Heilen noch mit Liebe zu tun.
Heilung kommt von Gott, und wir können an ihr
teilhaben, indem wir unsere Schwestern und Brüder,
so wie sie sind, als ganz und heil sehen, mit allem
ausgestattet, was sie wirklich brauchen.

Wenn wir jemanden sehen, von dem wir glauben,
daß ihm etwas fehlt, müssen wir unseren Führer fra-
gen, wie wir ihn anders sehen können, und dürfen
dabei nicht aus den Augen verlieren, daß wir in ande-
ren immer nur das sehen, was wir in uns selbst sehen.
Wenn wir nicht genau wissen, wie wir helfen können,
dann wird unsere innere Stimme uns den richtigen Weg
zeigen und uns die richtige Gelegenheit dazu geben.

*In Wirklichkeit
ist immer für dich gesorgt,
und du wirst immer geführt.
Du stehst in bleibender
Verbindung
mit der Quelle
des Wissens, der Macht und
der Harmonie.
Das ist der wahre Sinn
und die höchste Ausdrucksform
des Lebens.*

5
Scheinbare Schwierigkeiten beim Hören

Im folgenden werden wir über Methoden sprechen, die geeignet sind, alle scheinbaren Schwierigkeiten beim Hören aus dem Weg zu räumen. Oft wollen wir zwar hören, aber es scheint uns, als würden wir überhaupt nichts wahrnehmen. Selbst wenn wir wissen, daß buchstäblich alles und jeder um uns herum versucht, in Kontakt mit uns zu kommen, können wir dennoch nichts hören. Warum ist das so, und wie kommen wir aus dieser Misere wieder heraus? Ob du es glaubst oder nicht, so etwas geschieht nur deswegen, weil du in Wirklichkeit nicht hören *willst*.

Manchmal ist unser Bitten um Führung nur oberflächlich, und wir haben unsere Antwort bereits vorgeformt, so daß wir eigentlich nur bestätigt werden wollen.

Diese Bestätigung kann uns aber nicht gewährt werden, wenn sie nicht die Wahrheit und folglich nicht zu unserem Besten ist. So kann selbst ein Nichthören die Bestätigung der Verbindung mit unserer inneren

Stimme sein, wenn wir ein stilles »Nein« als Antwort nehmen können.

Verborgene Vorurteile können echten Antworten im Wege stehen

Wenn wir beim Hören Schwierigkeiten haben, liegt der Grund dafür vielleicht in tiefsitzenden Vorurteilen in Form von vorweggenommenen Antworten. Solange wir diese nicht aufgedeckt haben, werden wir auch nicht bereit sein, sie fallenzulassen und zu hören.

Auf einer höheren Ebene wissen wir, daß diese vorweggenommenen Antworten, die wir sogar vor uns selbst im verborgenen halten, falsch sind und wir daher, wenn wir sie fallenlassen, die Unwahrheit und nicht etwa die Wahrheit zurückweisen. Unsere innere Stimme bestätigt sehr gern alle unsere wahren Gedanken, weil diese sich in Übereinstimmung mit unserem höchsten Denken befinden. Folglich wissen wir, wenn wir keine Bestätigung bekommen und uns verwirrt fühlen, daß wir an etwas festhalten, das der Korrektur bedarf. Unser höchstes Selbst und unser höchstes Denken befindet sich allzeit in Übereinstimmung mit Gott, der Quelle allen Wissens, und da Seine und unsere Gedanken dieselben sind, hat eine solche Bestätigung eine großartige Wirkung. Wir können darum bitten, daß unsere geheimen vorweggenommenen Lösungen aufgedeckt werden, und es wird geschehen.

Der »abgetrennte« Verstand erscheint uns als der richtige

Der »abgetrennte« Teil unseres Verstandes, der Teil, der anscheinend von unserer Quelle – unserem höchsten Selbst oder unserem höchsten Verstand – abgetrennt ist, ist derjenige, mit dem wir uns oft identifizieren. Er macht sich Gedanken, die er von Gott getrennt wähnt und von denen er annimmt, daß er sie ohne Ihn haben kann. Dieser »abgetrennte« Geist versucht daher, diese seine »abgetrennten« Gedanken zu verbergen, weil er fürchtet, für sie bestraft zu werden, und weil er weiß, daß diese Gedanken in Opposition zu Gott stehen. Schuld und Angst sorgen offenbar dafür, daß Gedanken und Vorstellungen ins Unterbewußtsein verdrängt werden, wo sie uns verborgen bleiben. Wenn wir bereit sind, diese »abgetrennten« Gedanken herauszusuchen und sie ans Licht zu ziehen, dann setzen wir sie der Wahrheit aus, die sie als Illusionen entlarven wird. Dann werden sie wieder zu dem Nichts, das sie in Wirklichkeit sind. Wenn wir also unsere innere Stimme nicht hören können, glauben wir, wir sind von Gott, der Quelle allen Wissens, getrennt. Wir glauben, daß wir getrennt denken können, und demonstrieren damit die fehlende Bereitschaft, unsere eigenen Bemühungen und Lösungen beiseite zu stellen.

Wo bleibt eine Lüge im Angesicht der Wahrheit? Wo sind die Millionen, die geglaubt haben, die Erde sei flach, nachdem der Mensch den Mond betreten hat? Die Illusion ist offensichtlich geworden, und sie kehrt dahin zurück, wo sie hergekommmen ist: ins Nichts. Wir werden von unserer inneren Stimme ermahnt, nicht zu versuchen, die Wahrheit mit der Illusion zu versöhnen, denn das tun wir in Wirklichkeit, wenn wir erwarten, daß unsere vorweggenommenen Antworten und Vorurteile bestätigt werden, und wir statt dessen ein Schweigen zur Antwort erhalten.

Wenn wir zum Beispiel versuchen wollen, zu beweisen, daß die Welt eine Scheibe ist, müssen wir falschen Beweisen Glauben schenken. Wir können gar keine echten Beweise erbringen, um diese Ansicht zu untermauern, denn sie entbehrt jeglicher Wahrheit. Die Erde ist rund und sonst gar nichts, aber solange die Illusion einer flachen Scheibe, die durch die Augen aufrechterhalten wird, nicht entlarvt ist, kann es sein, daß wir uns unter Qualen drehen und wenden, um die falsche Ansicht zur Wahrheit zurechtzubiegen. Ein Konflikt, in dem etwas Falsches verteidigt werden soll, wird immer von Zorn, Angst und Zwietracht begleitet sein. Es kann sein, daß auch die Suche nach der Wahrheit zunächst von Konflikten begleitet zu sein scheint; wenn man aber dann die Wahrheit wahrnimmt, wird sie als innerer Friede erfahren. Das trügerische Gefühl des »Friedens«, das durch das Dulden von Illusionen herbeigeführt wird, ist nicht wahrhaftig und nicht von Dauer, obgleich man sich zeitweise damit wohl fühlen kann. Das Annehmen von Illusionen führt immer irgendwann zu Angst und Schmerzen. Das einzig Gute dabei ist, daß wir, wenn wir erst einmal genug von der Angst und den Schmerzen haben, uns wieder der Wahrheit zuwenden werden. Die Wahrheit ist das, was übrigbleibt, wenn die Illusion verschwindet.

Der scheinbare Konflikt zwischen Wahrheit und Illusion

Die Wahrheit erzeugt keinen Konflikt, denn der Friede ist eine ihrer Eigenschaften. Illusionen hingegen erzeugen Konflikte, denn sie sind mit der Wirklichkeit unvereinbar. Solange wir darauf beharren, Illusionen aufrechtzuerhalten und sie unterstützen, werden wir Konflikte erleben.

Wir brauchen, um die Wahrheit zu finden, keine eigenen Anstrengungen zu unternehmen, wir sollten es auch gar nicht erst versuchen. Die Wahrheit als natürlicher Zustand wird in dem Moment für uns dasein, wo wir aufhören, Illusionen aufrechterhalten zu wollen. Sobald wir aufhören zu glauben, daß die Erde eine Scheibe ist, nehmen wir sie als Kugel wahr. Indem wir die Illusion der Flachheit, wie sie uns durch unsere Augen vorgegaukelt wird, fallenlassen, wird es uns möglich, die Erde als Kugel zu begreifen. Wir brauchen nicht einmal vorzugeben, daß wir mit unseren Augen eine kugelförmige Welt sehen. Um die Wahrheit zu erkennen, müssen wir nur unser Denken über das, was unsere Augen sehen, verändern.

Die Voraussetzung dafür, daß die Wahrheit offenbar wird und schließlich auch von uns erfahren und

begriffen wird, ist also ausschließlich unsere Bereit-
schaft, sie so zu akzeptieren, wie sie ist.

Es kann eine kurze Zeit der Orientierungs-losigkeit geben

Unsere Wahrnehmung der Welt wird durch das, was wir glauben, sowie durch das, was wir scheinbar wissen, geprägt. Wenn wir eine andere Wirklichkeit suchen, kann das eine vorübergehende Orientierungslosigkeit zur Folge haben. Wir suchen nach etwas Neuem, sind aber noch nicht bereit, unseren alten Glauben vollkommen aufzugeben. So taumeln wir zwischen zwei verschiedenen Glaubenswelten hin und her. Wenn wir uns um ein verbessertes Hören unserer inneren Stimme bemühen, kann es sein, daß wir uns anfangs verwirrter als zuvor und dadurch vielleicht entmutigt fühlen. Wir sollten allerdings dabei nicht vergessen, daß ja unsere alten Urteile in Frage gestellt und aufgelöst werden, und sollten darauf vertrauen, daß die Suche nach der Wahrheit letztendlich wirklichen Frieden bringen wird.

Das folgende Beispiel soll das noch etwas verdeutlichen. Eine Freundin von mir lernte neulich Skilaufen. Sie merkte, daß sie, um eine Kehre zu machen, ihr Gewicht von einem Brett auf das andere verlagern mußte. In diesem Moment der Gewichtsverlagerung gibt es einen Augenblick, in dem man das Gleichgewicht zu verlieren scheint. Jedesmal, wenn wir eine

Wende vollziehen, müssen wir diesen Moment des verlorenen Gleichgewichts durchmachen; es ist das gleiche beim Skilaufen wie beim Wechsel von einem Glaubenssystem (Angst und Schuld) in ein anderes (Liebe und Vertrauen). Diese Momente des Ungleichgewichtes können schnell vorüber sein, sie können aber auch eine Zeitlang andauern. Sie mögen zwar unbequem sein, aber sie sind gleichzeitig auch Anzeichen eines wirklichen Wandels.

Die Zeit des Wandels kann uns als etwas sehr Ungewöhnliches erscheinen. Von allen Seiten kann Beunruhigendes auf uns einströmen und unsere Aufmerksamkeit von ihrem unmittelbaren Ziel ablenken, das darin besteht, daß wir eine bessere Führung als unsere eigenen Vorurteile suchen. Wir müssen dann sehr wachsam sein und auf den Inhalt unserer Gedanken achten. Das aufwühlende Durcheinander, äußerlich wie innerlich, das wir anfangs vielleicht erleben, ist nur scheinbar mit unserem Ziel, das Frieden heißt, unvereinbar, in Wirklichkeit aber ist es ein Beweis für Wachstum und Fortschritt.

Sobald es uns gelingt, unsere Bemühungen auf das eine Ziel zu konzentrieren, nämlich unserem inneren Führer zu folgen, wird uns ein Licht aufgehen. Anfangs müssen wir uns beim Hören ein einziges Ziel setzen, und wir müssen auch daran arbeiten, daß wir etwas erreichen. Diese »Arbeit« besteht darin, daß wir uns immer stärker unserem einzigen Ziel widmen. Im Verlauf unserer Arbeit können wir dann die Anwendungsmöglichkeiten unseres Hörens immer mehr erweitern, bis schließlich unsere innere Stimme für alle Entscheidungen und Urteile zu Rate gezogen wird. Das Ziel, das wir anstreben, ist die Wahrheit; die Arbeit besteht in der Bereitschaft, alle Illusionen loszulassen. Was dabei wie ein »Loslassen« erscheint, ist letztlich das »Annehmen« des Friedens.

Wir haben die Neigung, vorauszuplanen

Wenn unser Ziel darin besteht, eine tiefe Beziehung zu unserer inneren Stimme und zur Quelle zu bekommen, dann wird uns der Weg dahin gezeigt werden. Unseren eigenen Weg sogar dann bestimmen zu wollen, wenn es darum geht, auf welche Weise wir auf unsere innere Stimme hören sollen, wäre lediglich ein weiterer Versuch, das Wissen um die Lösung unserer Probleme vorwegzunehmen. Wir können – und müssen – in allen möglichen Stiuationen in der Lage sein zu hören, aber es sind keine besonderen Umstände vonnöten, damit die Stimme Gottes durchdringen kann. Unsere Bereitschaft zum Hören ist die einzige Voraussetzung, die nötig ist. Falls besondere Umstände wie Meditation hilfreich sind, spricht nichts dagegen, davon Gebrauch zu machen, man sollte sich jedoch nicht vollkommen auf sie verlassen.

Unsere Bereitschaft zu hören braucht sich also nicht darin zu äußern, daß wir besondere Umstände schaffen, von denen wir annehmen, daß sie unser Hören unterstützen oder verstärken. Besondere Gegebenheiten können zeitweise hilfreich sein, wir sollten jedoch darauf verzichten können, sobald sie nicht mehr nützlich sind. Inneres Hören beinhaltet keine Rituale. Die Form ist für die geistige Wahrheit unerheblich. Wir müssen dazu bereit sein, das jeweilige aktuelle Geschehen unseren Weg bestimmen zu lassen, und offen sein für neue Anweisungen. Wenn wir unserem Glück und inneren Frieden folgen, werden wir auf den richtigen Weg gelenkt.

Im Grunde ist es doch völlig klar: Jedesmal wenn wir einen bewußten Schritt unternehmen, um uns auf den Weg zu machen, »zu Gott zurückzufinden«, versuchen wir, etwas zu erzwingen, statt auf unsere innere Stimme zu hören. Verwirrung und Ärger sind das Ergebnis. Ärger in jeglicher Form, von Unzufriedenheit bis zur Wut, ist ein klares Zeichen dafür, daß wir eine vorausgeplante Lösung hatten, die nicht funktioniert, und daß wir aufs neue hören müssen.

Unsere Bereitschaft zu hören kommt also dadurch zustande, daß wir den Wunsch, unseren eigenen Wegen zu folgen, in die Bereitschaft umwandeln, jede Richtung, so wie sie uns gegeben wird, als ein Gnadengeschenk anzunehmen.

Wenn man bedenkt, wie stark das Bedürfnis der meisten von uns nach Ordnung und Organisation ist, erfordert das Aufgeben der eigenen Planung sicher sehr viel guten Willen. Wir können selbst keine Kriterien für unsere eigene Entwicklung festsetzen, denn wir kennen weder unseren zukünftigen Weg noch die Zeichen am Wege. Wenn wir es dennoch tun, werden unsere vergangenen Erfahrungen, unsere Erziehung, unsere Bildung und unser Glauben weiterhin den Kurs bestimmen, und wir können sicher sein, daß wir uns in die falsche Richtung bewegen. Was in der Vergangenheit nicht funktioniert hat, wird auch jetzt nicht funktionieren.

Wir müssen wirklich bereit sein, wie kleine Kinder zu werden und alles neu zu sehen. Wir müssen unsere innere Stimme um alles fragen und – wie ein kleines Kind – uns ihrer Führung anvertrauen.

Wenn wir uns mit dieser kindlichen Bereitwilligkeit führen lassen, nehmen wir eine zugleich sehr schöne wie auch äußerst schwierige Bindung auf uns: Wir setzen unser Vertrauen auf unsere innere Stimme und lassen uns von ihr auf ganz reale Weise an der Hand nehmen und auf den Weg in unsere wahre Heimat führen.

Nützliche Ratschläge, wie Hören Spaß macht

Hören bringt Freude

Irgendwann wird jeder von uns sich an dieser großen Aufgabe beteiligen und in allen Dingen seiner inneren Stimme folgen. Durch Hören kann sich jeder in seine eigene Quelle der Kraft und des Wissens einstimmen. Je mehr Mühe wir uns hierbei geben, desto höher wird unser Lohn sein. Wir können dabei eine Stimme hören, eine innere Gewißheit erfahren oder uns einfach in Frieden geborgen fühlen. Vielleicht entdecken wir auch, daß die Dinge auf einmal gut zu klappen scheinen, vom unerwarteten Finden einer Parklücke bis zu dem Telefonanruf, den man gerade zur rechten Zeit macht, um jemandem, der Hilfe braucht, zu helfen; oder wir haben eine wunderbare Erkenntnis, die eine Heilung oder einen plötzlichen Meinungswechsel zur Folge hat. Wir können unser Hören auf alles mögliche anwenden, um Spaß an unserer Arbeit zu entwickeln oder auch um Freude und Harmonie in unseren persönlichen Beziehungen zu finden.

Unsere Fähigkeit zu hören wird aber immer nur so gut oder so schlecht sein, wie wir in unserem Herzen gewillt sind, zu hören, und wie wir bereit sind, wohlgehütete Erwartungen aufzugeben und damit das zu akzeptieren, was uns als ein Segen gegeben wurde und nicht etwa als ein Fluch. Dieser Vorgang ist nicht von dieser Welt und kann daher auch nicht mit Worten, die diese Welt ohne weiteres akzeptieren würde, beschrieben werden. Der beste Beweis für die Realität der inneren Stimme ist die Tatsache, daß sie für diejenigen, die von ihr Gebrauch machen, funktioniert. Wenn sie schon nicht vollständig erklärbar ist, so ist sie doch wenigstens durch ihre Wirkung sichtbar.

»Ein Kurs in Wundern« ist eine hilfreiche Übung

Im vorliegenden Buch werden einige Grundzüge des Hörens der inneren Stimme vorgestellt. Diese sind keineswegs vollständig und sollten nur angewandt werden, soweit sie hilfreich sind. Sie sollen nicht als Pflichtübung verstanden und nicht sklavisch befolgt werden, sondern wollen vielmehr Anregungen sein, die auf meinen persönlichen Erfahrungen und Offenbarungen basieren.

Wie weiter oben bereits angedeutet, ist »Ein Kurs in Wundern« eine der besten Quellen, um durch das Hören auf die innere Stimme zum geistigen Frieden zu finden. Dieses grundlegende Werk beinhaltet einen Selbstlehrkurs für ein Jahr, der eigens dazu entworfen wurde, um beim Finden der inneren Stimme Hilfestellung zu leisten. Er wurde zwischen 1965 und 1972 nach dem Diktat einer inneren Stimme, die von dem Hörenden als »Jesus der Christus« oder »Christusbewußtsein« identifiziert wurde, niedergeschrieben und stellt die schönste und hilfreichste Zusammenfassung der Wahrheit dar, die ich jemals gefunden habe. Hunderttausende von Menschen haben den »Kurs« inzwischen mit großem Erfolg zur Grundlage ihres Lernens und Lebens gemacht, und ich möchte ihn hier noch einmal vorbehaltlos empfehlen.

Auch andere Wege sind hilfreich

Der »Kurs« stellt allerdings – wie auch darin betont wird – nicht den einzigen Weg dar. Alle, die sich bereits auf einem Weg befinden, der sie weiterbringt, werden ermutigt, auf ihm weiterzugehen. Jeder von uns besitzt eine innere Stimme, die täglich seine Schritte leitet. Ob wir richtig und gut oder nur vertrauensvoll hören, immer werden wir geführt; darum brauchen wir uns keine Sorgen zu machen. Alles, was ich aus meiner Erfahrung heraus anbieten kann, sind einige Hinweise, die unseren Weg etwas abkürzen könnten. Jede Reise hat ihre eigene Route mit ihren eigenen Abzweigungen und Umwegen. Wir sollten uns davor hüten, um der Wahrheit und der Hilfsbereitschaft willen anderen einen bestimmten Weg vorschreiben zu wollen. Für jeden von uns werden sich, sobald er bereit ist, neue Wege auftun, und neu eingetretene Situationen werden neue Möglichkeiten eröffnen.

Wenn wir an jeder Weggabelung, an die wir auf unserer inneren Reise kommen, nicht alleine über die Richtung entscheiden, sondern unsere innere Stimme befragen, dann können wir zuversichtlich weitergehen, im Vertrauen darauf, daß wir gar keine falsche Wahl treffen können.

In »Ein Kurs in Wundern« wird herausgestellt, daß die Länge der Reise in Wirklichkeit eine Illusion ist; uns wird darin versichert, daß die »Reise« längst getan und beendet ist. Wir müssen nur noch in unsere Wirklichkeit hinein erwachen und in erster Linie dieses

Bewußtsein anstreben. In dieser Welt von Zeit, Raum und Form jedoch kommen wir nicht umhin, bestimmte Anstrengungen zu unternehmen, wenn wir feststellen, daß etwas getan werden muß. Dabei wird jeder Versuch, der inneren Stimme zu folgen, belohnt. Es ist unsere Pflicht, jede Bemühung von anderen Menschen um einen geistigen Weg zu unterstützen, ganz gleich, ob dieser mit unserem übereinstimmt oder nicht. Wenn sie sich erst einmal des inneren Weges bewußt geworden sind, dann werden auch sie beginnen, auf ihre innere Stimme zu hören, und dann sind sie auch schon auf dem Weg.

6
Die 15 Grundregeln des Hörens – eine Checkliste zur Selbstüberprüfung

Im folgenden Kapitel werden wir auf einiges eingehen, was wir tun können, um unsere Fähigkeit zum Hören der inneren Stimme zu steigern. Dazu gehört, daß wir unser Denken beobachten und uns selbst immer wieder überprüfen, um zu sehen, ob wir nicht in eine der folgenden Fallen gehen.

1. Vorweggenommene Antworten meiden – einen offenen Raum schaffen

Bevor wir darangehen, mit unserer inneren Stimme in Kontakt zu treten, können wir alle unsere Kräfte sammeln und uns ehrlich bemühen, sämtliche vorgefaßten Meinungen über Antworten auf unsere Fragen, über die Richtung, die wir nehmen wollen, oder über die Entscheidung, die wir treffen sollen, beiseite zu lassen.

2. Vorsicht vor Klagen, die in uns auftauchen – berechtigt oder nicht!

Wir können üben, unsere Gedanken während des Tages daraufhin zu prüfen, wie sich plötzlich ein Grund zur Klage über irgendwelche Umstände auftut und wie schnell dieser von uns akzeptiert wird. Wir sollten versuchen, solche Gedanken zurückzustellen und zu beobachten, wie diese Klagen unser Erleben beeinträchtigen. Klagen sind der Versuch, unsere eigenen Pläne durchzusetzen und dann unsere Mitmenschen, ebenso wie unsere eigenen Erfahrungen, daran zu messen, inwieweit sie sich in unsere Pläne einfügen oder nicht. Wir müssen diese Pläne beiseite legen, unsere innere Stimme hören und ihr folgen, damit wir Frieden haben.

3. Andere akzeptieren können – vertrauen lernen

Wir können lernen, Wertschätzung und Vertrauen für andere Menschen zu entwickeln und es unserer inneren Stimme überlassen, deren Gedanken, Handlungen und Auftreten zu beurteilen. Jeder, der es nur versucht, kann das und erweitert damit gleichzeitig seine Fähigkeit, die innere Stimme zu hören. Wir müssen gar nicht jedermanns Glauben oder Ideen annehmen, sondern können diese einfach durch uns hindurchfließen lassen, wohl wissend, daß sie uns ja nicht verletzen oder beeinflussen können, es sei denn, wir wünschen dies. Wir werden dabei feststellen, daß Gedanken, die im Widerspruch zu unseren Vorstellungen stehen, sich einfach in Luft auflösen, während zugleich die Person, die diese Gedanken äußert, vor unseren Augen an Härte verliert, wenn wir ihr zeigen, daß wir sie schätzen und sie akzeptieren, ohne über ihre Vorstellungen zu urteilen.

4. Alle Dinge können uns helfen, die Wahrheit zu entdecken, wenn wir offen bleiben

Alle unsere Mitmenschen und uns umgebenden Dinge können dazu beitragen, daß wir die Wahrheit entdecken und uns ihrer bewußt bleiben. Menschen, die uns begegnen, haben vielleicht ein ganz anderes Verhältnis zur Wahrheit, aber diese Vielfalt sollte unserer Wahrheitserkenntnis eher neue Horizonte hinzufügen, anstatt Zündstoff zum Konflikt zu liefern. Nur selten können wir eine Situation in ihrer Ganzheit wahrnehmen. Andere können uns von Nutzen sein, indem sie unser Verständnis und unsere Sichtweise durch Hinzufügen neuer Betrachtungsweisen erweitern. Durch die Erkenntnis, daß wir unsere Persönlichkeit gemeinsam mit anderen entwickeln, können wir innerlich wachsen. Unser wahres Wesen ist Einheit und Verbindung, nicht Vereinzelung und Getrenntheit.

5. Auf der Suche bleiben – nicht aufgeben

Die Antwort auf die Frage, die wir jeweils stellen, ist immer in dem Problem wie auch in uns selbst zu finden. Wir können lernen, die Antwort nicht außerhalb zu suchen. Wir müssen an dem scheinbaren Problem dranbleiben und so lange warten, bis uns die Antwort zu dämmern anfängt. Eine Suche, bei der wir das Problem beiseite legen und weglaufen, wird uns später wieder damit konfrontieren und das Problem nur vergrößern.

Wenn uns zum Beispiel jemand auf die Nerven geht, sollten wir nicht jemand anders suchen, der mit uns übereinstimmt, nur um uns vorübergehend wohler zu fühlen. Statt dessen sollten wir unsere innere Stimme um Rat fragen, um dadurch Frieden zu finden und eine Möglichkeit, den scheinbaren Konflikt mit der fraglichen Person an uns vorbeigehen zu lassen. Das bedeutet nicht unbedingt, daß wir überhaupt jemals mit der anderen Person einer Meinung sind, sondern es bedeutet, daß wir ihren Standpunkt respektieren und in Frieden mit ihrer Einstellung leben können. Wenn wir das getan haben, wird der Konflikt in dieser Person aufgehoben sein, und wir werden herausfinden, daß wir viele Bereiche haben, in denen wir übereinstimmen.

Es ist weder zuträglich noch notwendig, sich zu zwingen, alle Konflikte zu scheinbarer Eintracht zu bringen. Oft wäre das mit Selbstverleugnung, Falschheiten, zwanghaften Haltungen und faulen Kompromissen verbunden. Die Wahrheit wird immer herauskommen, und Illusionen werden immer vergehen. Laß das einfach geschehen und bestehe nicht auf sofortigen Lösungen. Wir müssen die Antwort wie auch den richtigen Zeitpunkt der Lösung unserer inneren Stimme überlassen.

6. Laß die Gedanken fließen – sei ein Fluß

Wir können statt zu einem Staudamm zu einem Fluß werden. Indem wir allen Gedanken erlauben, durch uns hindurchzufließen, vermeiden wir die Entstehung von Streß. Dabei können wir uns sicher sein, daß diejenigen Gedanken, die uns zuträglich sind, bleiben werden und in unserem Bewußtsein wachsen werden, während alle anderen einfach und ohne Widerstand an uns vorüberfließen. Sobald wir anfangen, bestimmten Gedanken Widerstand entgegenzusetzen, sie zu beurteilen und uns dann gegen sie zu wehren, bauen wir einen Staudamm, der auf unser Denken Druck ausübt und den Fluß der Ideen stoppt. Wir sollten sehr wohl unsere eigenen Gedanken kritisch betrachten lernen, müssen uns aber davor hüten, die Gedanken anderer zu beurteilen.

7. Wie lautet das Problem – suche tief und ehrlich

Wir sollten unsere Frage oder unser Problem klar formulieren und gewillt sein, ehrlich uns selbst gegenüber zu sein, damit alle verborgenen Widerstände ans Licht gebracht werden können. Oft bekommen wir keine Antwort, weil wir im Grunde gar nicht wissen wollen, was unsere wirkliche Frage ist. Um das in Erfahrung zu bringen, müssen wir uns selbst gegenüber sehr ehrlich sein und es wirklich wissen wollen – nicht etwa nur nach einer Bestätigung unserer gegenwärtigen Ansichten suchen. Die meisten unserer Ansichten sind durchaus noch verbesserungsfähig, wir sollten daher nicht zu sehr an ihnen hängen. Wir identifizieren das Problem, um über es hinwegzukommen, und nicht, um es aus eigener Kraft zu lösen. Ein Problem »lösen« zu wollen heißt, es als wirklich zu betrachten; über es »hinwegzukommen« weist ihm den Rang einer Illusion zu. Es gibt keine Probleme. Alles ist so, wie es sein soll.

8. Keine Eile bei der Antwort – übe dich in Geduld

Wir brauchen die Antwort nicht zu beschleunigen, denn sie wird für alle Beteiligten genau zur rechten Zeit kommen. Oft werden wir merken, daß wir die Antwort schon lange hatten und daß wir entweder nur nicht wußten, was wir damit anfangen sollen, oder daß wir nicht erkannten, was die wirkliche Frage oder das Problem war. Also war uns auch die Antwort nicht bewußt. Die wahre Antwort ist: »Es *gibt* kein Problem.« Wir müssen Geduld mit uns selbst und mit anderen haben. Wir sind genau richtig so, wie wir sind, und die anderen ebenfalls. Deswegen kann es gar nicht schwer sein, Geduld zu haben, denn wir wissen ja, wer alles lenkt.

9. Die Antwort ist für dich bestimmt – nicht für andere

Die wahre Antwort stammt nicht von uns, aber sie kommt durch uns; und sie ist für uns allein bestimmt. Um es noch einmal zu sagen: Wir dürfen uns gar nicht erst angewöhnen, für andere zu fragen. Es sind *unsere* Gedanken, die Klarheit brauchen, und es ist *unser* Geist, der die Arbeit tun muß. Wenn wir das erst einmal begriffen haben, können wir auch unser Wissen darüber, wie wir gelernt haben, anders zu sehen, mit anderen teilen; jedoch nicht, um diese zu verändern oder zu beeinflussen. Wenn wir dennoch den Fehler machen, bei anderen festzustellen, daß sie an bestimmten Problemen arbeiten müssen, können wir sicher sein, daß auch wir an ihnen arbeiten müssen. Es ist der alte »abgetrennte« Teil unseres Verstandes, der immer wieder versucht, unser eigenes Problem auf die Handlungen anderer zu projizieren. »Unser Problem steht nicht in den Sternen, sondern es ist in uns selbst.« Niemand kann uns wirklich verletzen, wenn wir es nicht zulassen, daß wir uns selbst geistig dem Angriff stellen. Niemand kann uns beeinflussen, es sei denn, wir lassen es zu, daß seine Überzeugungen und seine Handlungen es dennoch tun.

Jedes Problem, das vor uns auftaucht, stammt aus unserem Denken, gleichgültig, wie sehr es auch scheinen mag, daß es irgendwo anders, aus den Handlungen anderer, herkommt. Wenn wir offen und bereit dafür sind, daß sich unser Denken wandelt, wird die Antwort uns gegeben.

10. Die Antwort wird kommen – sei gewiß!

Wir können darauf vertrauen, daß die Antwort kommen wird. Sie *wird* kommen. Wir *werden* sie finden. *Sie ist schon da.* Es ist ausgeschlossen, daß man wirklich und wahrhaftig Gottes Hilfe sucht und sie dennoch nicht findet. Die Wahrheit kann, wie gesagt, eigentlich gar nicht geleugnet werden, außer durch den illusorischen Teil unseres Denkens, der sie nicht annehmen will und statt dessen nach einer anderen Lösung sucht, die mehr seinem Charakter entspricht. Unsere innere Stimme weiß immer, wo Korrekturen nötig sind, und sie ist 24 Stunden am Tag zu Diensten. Sie ist niemals abwesend.

11. Die Wahrheit ist das eigentliche Ziel –
du brauchst kein anderes

Wir müssen uns über unser Ziel im klaren sein und uns beständig fragen, was unser wirkliches Ziel ist. Was ist unser Herzenswunsch für den Ausgang dieser Situation? Warum wollen wir, daß es so wird? Basiert dieser Wunsch auf Angst oder auf Liebe? Können wir alles, was geschieht, als einen Segen annehmen, oder halten wir es für einen Fluch? Das einzige Ziel, das der Mühe wert ist, ist die Wahrheit, ganz gleich in welcher Form. Ja, wir wollen, daß die Wahrheit offenbar wird, denn nur die Wahrheit wird uns befreien und uns wirklichen Frieden bringen. Die Bereitschaft, die Wahrheit zuzulassen, ist die einzige Voraussetzung zum Hören der inneren Stimme.

12. Offenheit ist der Schlüssel –
Bereitschaft öffnet das Tor

Wir müssen offen sein. Aufgeschlossenheit ist unser bestes Hilfsmittel. Wir müssen alle Empfangskanäle unseres »Empfängers« öffnen, selbst für Gedanken, die wir für dumm und unnütz halten. Die Antwort kommt ständig in ungezählten Formen zu uns. Wir brauchen uns keine Sorgen zu machen, daß wir sie vielleicht nicht finden könnten. Sie ist jetzt schon da, es könnte lediglich sein, daß wir noch nicht bereit sind, sie zu sehen und zu akzeptieren. Wir werden nach einer

Weile auch feststellen, daß wir die Antwort in vielfacher Form erhalten haben. Sie wird so lange immer wieder wiederholt werden, bis sie klar erkennbar und uns zu eigen geworden ist.

13. Das Tagebuch – ein Mittel zum späteren Studium

Wir sollten uns die Zeit nehmen, die Führung, die uns durch unsere innere Stimme zuteil wird, in schriftlicher Form festzuhalten, selbst wenn wir glauben, daß es nur unsere eigenen Gedanken sind. Wenn wir dann später das Aufgeschriebene noch einmal lesen, werden wir über die bedeutungsvollen Einsichten und den Inhalt dieser Notizen erstaunt sein. Dabei hilft es, wenn wir täglich eine gewisse Zeit einzig dem Hören widmen. Das sollte zwar nicht die einzige Gelegenheit sein, zu der wir auf unsere innere Stimme hören, aber eine bewußte, regelmäßige tägliche Hinwendung ist sehr lohnend. Wenn wir es wirklich wollen, werden wir die Wahrheit finden. Sobald wir eine bestimmte Zeit gefunden haben, mit der wir uns wohl fühlen, kann es hilfreich sein, diese zu verlängern. Irgendwann wird es dann möglich sein, in jeder Situation während des ganzen Tages zu hören. Eigentlich ist es ja etwas Natürliches, und wir können uns daran gewöhnen, unserer inneren Stimme zu allen Zeiten und in allen Dingen zu folgen.

14. Dem Geschenk vertrauen – es ist für uns bestimmt

Wir können uns auf dieses Geschenk der inneren Führung verlassen. Je mehr wir darauf vertrauen, desto deutlicher wird unsere innere Stimme zu uns sprechen. Wenn wir unsere Wünsche, Vorstellungen und Pläne loslassen wollen, müssen wir etwas dafür tun. Wir sollten still werden, hören und dann handeln. Ohne Handeln aber wird das Hören zu einem Spiel. Spielerisches Hören bringt keine zuverlässigen Ergebnisse, denn wir werden nur das wirklich erfahren, was wir für wahr halten und zulassen. An unseren »Früchten« kann man unsere Haltung erkennen.

15. Auf die Führung durch die innere Stimme können wir uns verlassen – wir haben mehr, als wir gebrauchen können

Je mehr wir uns auf unsere innere Stimme verlassen, desto leichter wird sie zu uns kommen. Ich spreche gern von »radikalem Vertrauen«, das heißt, ich verlasse mich total und in allen Dingen auf meine innere Stimme. Aber ihre Führung darf nicht als furchterregend oder gefährlich erfahren werden. Weil das, was wir hören, nicht immer mit dem Denken der »Welt« übereinstimmt, müssen wir auch ohne die Unterstützung der »Welt« weitermachen.

So habe ich mittlerweile festgestellt, daß es nicht nötig ist, eine Uhr am Arm zu tragen, den Tag bis in alle Einzelheiten durchzuplanen und sich auf alles vorzubereiten. Natürlich können wir Verabredungen treffen, aber wir sind nicht sklavisch an sie gebunden; wir treffen sie, um anderen entgegenzukommen. Die Menschen, die wir treffen sollen, werden wir ohnehin treffen. Dort, wo wir sein sollen, werden wir ohnehin sein. Wir können allerdings nicht zu Hause sitzen und diese Theorie auf die Probe stellen, aber wenn wir durch unseren Tag gehen und das Gefühl haben, alles ist in Ordnung, so wie es ist, dann wird auch für alles gesorgt sein.

Immerhin sind wir gerade dabei, die Hauptquelle aller Weisheit und allen Wissens des gesamten Universums anzuzapfen. Diese wahre, schöpferische Kraft der Wahrheit und der Liebe erfordert keinen Widerstand und kennt keine Konkurrenz. Was können wir da anderes tun, als uns vollkommen auf sie zu verlassen?

7
Funktioniert es?

Woran können wir schließlich erkennen, ob
es funktioniert und daß wir die richtige
Antwort bekommen?

Die meiste Zeit wird das Denken der »Welt« sich nicht
in Übereinstimmung mit unserer inneren Stimme befinden. Wir sollten die Anerkennung der »Welt« nicht
zum Maßstab für unser Gelingen machen. Wir brauchen also neue Methoden, um Ergebnisse einzuschätzen.

Im folgenden möchte ich einige Hinweise geben,
wie wir feststellen können, wann unser Hören funktioniert.

1. Wir werden in uns eine Glut verspüren

Wenn uns bei der Antwort im ganzen Körper, vom
Scheitel bis zur Sohle, eine wohlige Wärme durchpulst
und wir »Aha!« ausrufen möchten, dann ist das ein

gutes Zeichen. Tief in uns erkennen wir die Wahrheit. Oft erleben wir die Antwort als etwas, das wir bereits wissen, was aber erst jetzt klar und deutlich in unser Blickfeld tritt. Das kann ein Gefühl sein, als ob die Dinge plötzlich zurechtgerückt werden oder ein Zusammenhang klar wird oder daß wir endlich des Rätsels Lösung haben; die Antwort kann auch in Form eines Gefühls von Harmonie und Ordnung auftreten, das über materielle Notwendigkeiten und Beweisketten hinausgeht, oder als ein Kontakt mit dem Geist jenseits der Form.

2. Es wird keinerlei Druck auf uns lasten

Wenn Antworten von einem Gefühl der Eile, der Angst oder von Druck begleitet sind, dann sind wir noch nicht da, wohin wir wollen. So seltsam das auch erscheinen mag, wir müssen dann warten und weiter hören und nicht etwa in panischer Eile herauszufinden versuchen, was alles noch getan werden muß, oder zu lösen versuchen, was scheinbar der Lösung bedarf. Innere Gewißheit, Friede und Hilfe sind die Vorzeichen, unter denen uns die Antwort erreicht und wir uns ihrer bewußt werden. Die Zeit jedoch ist dabei – entgegen der Meinung der »Welt« – kein Faktor.

112

3. Alles fließt

Nachdem wir die Antwort erhalten haben, gerät alles in Fluß, und wir erhalten durch andere Quellen die Bestätigung, daß das, was wir gehört haben, richtig war. Plötzlich kommt jemand oder ruft an und liefert uns die Bestätigung oder beteiligt sich an der Ausführung des Gehörten, und im weiteren Verlauf kann es passieren, daß das Gehörte in einem Lied, einem Zeichen oder durch die Äußerung eines Fremden wiederholt und bekräftigt wird. Da ja diese Bestätigung völlig ohne unser Zutun kommt, haben wir das Gefühl, daß sich alles um uns herum in Harmonie mit uns befindet. Strebe das aber nicht an, es wird ganz von selbst kommen! Widerstand signalisiert uns, daß wir noch nicht angekommen sind; Fließen signalisiert, wir sind auf dem richtigen Weg.

4. Die anderen werden zustimmen

Falls die Antwort andere mitbetrifft, werden sie ganz von selbst zustimmen und bisweilen sogar weit über das hinausgehen, was wir an Beteiligung und Unterstützung von ihnen erwartet hätten. Wenn nicht, dürfen wir sie keinesfalls zu etwas drängen. Wir brauchen unsere Ideen nicht zu »verkaufen« oder es darauf anzulegen, Leute zu gewinnen, die uns helfen oder unterstützen; sie werden sich melden und sich auf ganz natürliche Weise beteiligen. Wenn wir wirklich mit unserer inneren Stimme fließen, dann wird alles, was wir brauchen, bereitgestellt. Vielleicht ist es nicht das, was wir unserer eigenen Ansicht nach brauchen, aber es wird das sein, was wirklich nötig ist. Wenn das einmal nicht der Fall ist, dann müssen wir auf weitere Klärung warten. Alle Antworten werden, zusammen mit den Werkzeugen zur Lösung, von unserer inneren Stimme geliefert.

5. Das Glück wird uns in den Schoß fallen

Die Antworten, die Führung und die Konzepte, die wir durch inneres Hören erhalten haben, werden Dimensionen annehmen, von denen wir nie zu träumen gewagt hätten. Unsere Mitmenschen fügen dem noch das ihre hinzu, und so wächst es auf vielen Ebenen und auf vielfältige Weise. Diese Ideen üben auf alles, was in ihre Nähe kommt, eine segensreiche Wirkung aus, indem sie wachsen und sich ausdehnen und immer weitere Kreise ziehen. Niemand verliert dabei jemals etwas. Alle ziehen aus der Wirklichkeit ihren Gewinn, sofern sie sich dafür entscheiden, und sie spüren dies.

6. Die Ideen kehren immer wieder

Selbst wenn wir die Ideen, die wir durch Hören erfahren haben, beiseite legen, werden sie immer wiederkommen. Wir können sogar, falls wir bei irgendeiner

Antwort nicht sicher sind, diese aufschreiben und warten. Falls es die richtige ist, dann wird sie auch weiterhin zu uns kommen. Vielleicht wird sie jemand mit
anderen Worten für uns wiederholen oder anregen, daß
wir selbst dies tun, es gibt viele Möglichkeiten. Die
Wahrheit bedarf der Verteidigung durch uns nicht, aber
unsere Unterstützung der Wahrheit bringt Segen für
alle und schenkt jedermann vollkommenes Glück und
große Freude. Das Warten darauf, daß die Antwort
noch einmal wiederkommt, darf keine Entschuldigung
dafür sein, daß wir auf das, was wir gehört haben, nicht
reagieren. Wenn wir uns jedoch der Richtung nicht
sicher sind, dann hilft warten, denn die Antworten
werden so lange wiederkommen, bis wir uns ihrer
sicher sind.

Hören bringt Segen

Das Wunderbarste beim Hören ist die segensreiche
Wirkung, die davon ausgeht. Immer, wenn wir etwas
hören und das Gehörte anwenden, können wir beobachten, daß ein Segen davon ausgeht, der bei weitem
alles übertrifft, was wir ohne unsere innere Stimme
hätten bewirken können.

Allein aus diesem Grund ist eine systematische
Beschäftigung mit dem Hören der inneren Stimme von
unschätzbarem Wert. Anfangs mögen wir vielleicht
das Hören noch als eine Möglichkeit betrachten, Antworten auf unsere ungelösten Probleme zu bekommen,

und es ist keineswegs ein Fehler, das zu tun. Später dann hören wir auf unsere innere Stimme, weil sie uns solch wunderbare Einsichten vermittelt. Schließlich tun wir es, weil sie uns einen Weg des Friedens und der Freude öffnet. In allen Situationen bringt die Wahrheit uns und unserer Umgebung ihren Segen.

Weit höher als alle anderen Folgen des Hörens der inneren Stimme ist jedoch die Erfahrung des überreichen Segens einzuschätzen, der von innerem Frieden und innerer Freude ausgeht.

Eine Schlußbemerkung

Ich hoffe, lieber Leser, daß du dich mittlerweile zu dem Versuch entschlossen hast, das Hören in deinen Alltag zu integrieren, und daß du bereit bist, dich an den Ergebnissen des Hörens der inneren Stimme zu erfreuen. Ich möchte dieses Buch mit einigen Anmerkungen zum höheren Nutzen dieser Entwicklung beschließen.

Das Hören nimmt mir keineswegs meine Selbständigkeit und Verantwortung. Ich muß, um meiner inneren Stimme zu folgen, mich aktiv für sie entscheiden. Ich empfehle niemandem, die innere Stimme zur Vermeidung seiner Eigenverantwortung zu suchen. Wenn ich höre, werde ich vielleicht bestätigt, dann ist es gut. Ein anderes Mal werde ich vielleicht merken, daß ich allein aus dem Vertrauen auf meine innere Stimme heraus irgendwohin geführt worden bin oder irgendwelche Verpflichtungen eingegangen bin. Oft ist das Vertrauen wirklich nötig, denn die äußeren Umstände sprechen eigentlich gegen das, was ich gehört habe. Dennoch bin ich immer, wenn ich meiner inneren Stimme folge, voller Frieden, innerer Ruhe und Gelassenheit. Daran kann ich erkennen, ob meine innere Einstellung angemessen ist.

Tief in meinem Inneren, jenseits meines urteilenden Verstandes, weiß ich, daß ich auf dem richtigen Weg bin. Selbst wenn ich das endgültige Ergebnis nicht kenne, weiß ich doch wenigstens, was ich als nächsten Schritt zu tun habe. Der nächste Schritt ist sicher, und das ist alles, was ich wissen muß. Immer wenn ich auf meine innere Stimme höre, spüre ich auf einer bestimmten Ebene, daß von mir eine Entscheidung erwartet wird. Nach genauerem Hinsehen ist es die Entscheidung zwischen Angst und Liebe, Vertrauen und Zweifel, Versöhnung und Schuld, zwischen höherem geistigem Selbst und materiellem Ego-Selbst. Wenn es mir einmal unklar ist, welche Richtung zur Angst und welche zur Liebe führt, dann bringt das Hören die Klarheit.

Der nächste Schritt besteht dann allerdings darin, daß ich mich entscheiden muß. Selbst wenn ich gar nichts Bestimmtes zu tun habe, was oft der Fall ist, muß ich mich dennoch entscheiden. Ein besseres Wort dafür wäre wahrscheinlich »binden«. Die Ergebnisse, die mich schließlich erwarten, sind die Folgen dieser Bindung. Ich brauche nichts weiter zu tun, als mich auf diese Bindung einzulassen, das ist alles.

Eine solche Bindung erfordert Vertrauen, Zuversicht und ehrliches Hören. Aber in meiner Hand liegt es, die Wahl zu treffen. Ich bin kein Roboter, der von einer gütigen kosmischen Macht oder sonst irgend etwas gesteuert wird. Ich werde nicht durch ein Labyrinth von Prüfungen geschleift, nur um zu sehen, welche Lektionen ich lernen kann, und um belohnt zu werden, wenn ich mich tapfer geschlagen habe. Nein, keineswegs! Ich bin ein Sohn Gottes, mit Macht und Vollkommenheit ausgestattet. Mein Wille jedoch, die Konsequenz meiner eigenen Entscheidung, ist eine große Macht. Er ist die einzige Kraft in der ganzen Schöpfung, die es vermag, mich vom Bewußtsein meines Schöpfers und von der Verwirklichung meiner wahren Identität abzuhalten. Kein Guru, keine Philosophie, kein kosmischer Plan, kein anderer Helfer wird die Arbeit für mich machen. Ich ganz allein muß mich entscheiden, den hohen Weg zu gehen oder die Bewußtwerdung meiner wahren Natur noch weiter hinauszuschieben. Jede Entscheidung, die ich fälle, ist von äußerster Bedeutsamkeit. Die Verantwortung für diese Entscheidung abzugeben oder meine Entscheidungen einer inneren Stimme zu überlassen, gleich welchen Namens, hieße, mich vor meiner einzigen Verantwortung zu drücken: mich zu entscheiden.

Epilog

Eine weitere Danksagung an all die schönen Seelen, die diesen Weg vor mir gegangen sind, ist mehr als angebracht. Sie sind so zahlreich, daß es mir unmöglich ist, alle aufzuzählen: Schriftgelehrte, Lehrer, Priester, Schriftsteller, Künstler, Komponisten, Liebende, Freunde und »Feinde«. Mein innigster Dank gilt all jenen, die auf ihre innere Stimme gehört haben und die den hohen Weg gewählt haben und damit den Pfad für diejenigen von uns geebnet haben, die ihnen nachzufolgen bereit sind. Vielleicht stimme ich nicht immer mit euren Erfahrungen oder mit euren Symbolen überein, aber das ist nicht wichtig. Viel wichtiger ist eure Hingabe, der inneren Stimme zu folgen, die euch den Weg zeigt, den Weg des Lichts.

Bis wir einmal wieder die Gelegenheit haben, uns zusammenzufinden, du und ich, lieber Leser:

Alles Liebe, in vertrauensvollem Hören auf Seine Stimme!

Lee Coit

Biographischer Hinweis

Lee Coit und andere arbeiten an der Entwicklung von Las Brisas, einer spirituellen Gemeinschaft mit einem »Retreat Center« in Rancho, Kalifornien. Er hat sein Leben vollständig der Aufgabe gewidmet, in allen Dingen seiner inneren Stimme zu folgen. Im Moment besteht die Anweisung seiner inneren Stimme darin, zu schreiben, Vorträge zu halten, zu lehren sowie durch alle Welt zu reisen. Sein Ziel ist es, Menschen zu unterstützen, die daran interessiert sind, ein erhöhtes Bewußtsein für die Gegenwart ihrer inneren Stimme zu erlangen, und zugleich damit sein eigenes Bewußtsein für unser aller Einheit zu erweitern.

Persönliche Anmerkungen

Persönliche Anmerkungen

Persönliche Anmerkungen

Persönliche Anmerkungen

Zusammenfassung: Zehn Ratschläge zum besseren Hören

In Wirklichkeit kannst du nicht anders, als ständig die Stimme Gottes zu hören.

1. *Sei still!* Du mußt deine Gedanken ruhigstellen, sie widerstandslos durch dich hindurchgehen lassen, bis allein der Wunsch übrigbleibt, zu hören. Du mußt alle Vorstellungen davon, was du brauchst, fallenlassen, die Forderungen deines Körpers zur Ruhe bringen und einen offenen Raum in deinem Geist schaffen, damit du hören kannst. Es ist nützlich, alle Vorstellungen davon, wer du bist und was du glaubst, über Bord zu werfen – selbst so tief verwurzelte Vorstellungen wie das, was du »gut« oder »böse« nennst.

2. *Denk bei einer Frage nicht schon an die Antwort!* Es ist sehr schwierig zu hören, solange du eine bestimmte Antwort wünschst. Du darfst nicht vergessen, daß du nicht weißt, was für dich das »Beste« ist, und solltest das annehmen, was dir gegeben wird. Niemand, der meint, schon zu wissen, wird wirklich fragen können.

3. *Höre mit Zuversicht!* Selbst wenn du es nicht merkst, wirst du gelenkt. Du bist da, wo du sein sollst, und tust, wozu du bestimmt bist. Ob Gottes Wille geschieht, hängt nicht davon ab, ob du hörst oder nicht.

4. *Gottes Stimme ist allgegenwärtig.* Sei offen für alle Quellen, denn alle Dinge sind der Widerhall der Stimme Gottes. Die Wahrheit wird bestehen, und der Rest wird vergehen. Lieder, Bücher, Ideen, Freunde, ja selbst »Feinde« legen Zeugnis ab für Gottes Liebe. Du solltest daher jeden Tag etwas Zeit dafür reservieren, zu hören und zu schreiben. Deine Bereitschaft ist die einzige Voraussetzung, die zum Hören notwendig ist.

5. *Nimm die Antwort an!* Vielleicht bekommst du nicht die Antwort, die du dir wünschst, doch es wird die richtige sein. Du mußt Geduld haben. Die Antwort wird zur richtigen Zeit kommen. Du solltest über die Botschaft oder denjenigen, der die Botschaft überbringt, nicht urteilen und solltest ein Zeichen geben, daß du die Antwort annimmst, indem du auf sie reagierst. Die Antwort ist immer eine Art von Vergebung für dich selbst und für andere.

6. *Eine einzige Stimme.* Die wahre innere Stimme ist denjenigen, die ein Verlangen nach der Wahrheit haben, immer bekannt. Es ist die feine leise Stimme, die von Liebe und Frieden spricht. Es ist

überhaupt nicht nötig, sich von der Illusion vieler verschiedener Stimmen verwirren zu lassen.

7. *Im Zweifel: Weiterhören!* Wenn die Wahrheit im tiefsten Inneren zu dir kommt, wirst du es immer merken. Du wirst den Frieden spüren und sagen: »Natürlich!« Wenn du verwirrt bist und voller Angst und Zweifel, mußt du immer wieder in dich hineinhören. Alle Verwirrungen sind dein eigenes Produkt, du brauchst sie nur loszulassen.

8. *Wenn du zufrieden bist, mach weiter!* Du mußt deine innere Stimme nicht für alles um Erlaubnis bitten. Das würde eher von Angst als von Vertrauen zeugen. Du mußt vielmehr ein Verlangen danach entwickeln, den Willen Gottes zu tun und ganz wach zu sein. Deine Frage soll immer lauten: »Was bedeutet das?« Sobald dein Friede gestört ist, solltest du innehalten, um Rat fragen und niemals etwas erzwingen wollen. Du solltest deinen Willen mit dem Willen Gottes vereinigen.

9. *Höre, um dich zu vergewissern!* Der Sinn des Hörens ist der Friede. Du solltest hören, um zu erfahren, was getan wird, und nicht nur, um herauszubekommen, was du tun sollst. Wenn du übellaunig bist, liegt das nur daran, daß deine Wahrnehmung gestört ist. Alles ist im Grunde gut.

10. *Tägliche Hingabe.* Um gut hören zu können, mußt du den Wunsch haben, deine Wahrnehmung der Welt zu verändern. Du mußt für deine gegenwärtigen Wahrnehmungen die Verantwortung übernehmen und gleichzeitig bereit sein, in Zukunft anders zu sehen. »Ein Kurs in Wundern« stellt alles notwendige Wissen dazu bereit. Das Ziel dieses Werkes ist es, dir die Gegenwart eines Lehrers bewußt zu machen, den du allzeit in Form der inneren Stimme, die dich führt, bei dir hast.

Merkzettel: Zehn Ratschläge zum besseren Hören

In Wirklichkeit kannst du nicht anders, als ständig die Stimme Gottes zu hören.

1. *Sei still!* Du mußt deine Gedanken ruhigstellen, sie widerstandslos durch dich hindurchgehen lassen, bis allein der Wunsch übrigbleibt, zu hören. Du mußt alle Vorstellungen davon, was du brauchst, fallenlassen, die Forderungen deines Körpers zur Ruhe bringen und einen offenen Raum in deinem Geist schaffen, damit du hören kannst. Es ist nützlich, alle Vorstellungen davon, wer du bist und was du glaubst, über Bord zu werfen – selbst so tief verwurzelte Vorstellungen wie das, was du »gut« oder »böse« nennst.

2. *Denk bei einer Frage nicht schon an die Antwort!* Es ist sehr schwierig zu hören, solange du eine bestimmte Antwort wünschst. Du darfst nicht vergessen, daß du nicht weißt, was für dich das »Beste« ist, und solltest das annehmen, was dir gegeben wird. Niemand, der meint, schon zu wissen, wird wirklich fragen können.

3. *Höre mit Zuversicht!* Selbst wenn du es nicht merkst, wirst du gelenkt. Du bist da, wo du sein sollst, und tust, wozu du bestimmt bist. Ob Gottes Wille geschieht, hängt nicht davon ab, ob du hörst oder nicht.

4. *Gottes Stimme ist allgegenwärtig.* Sei offen für alle Quellen, denn alle Dinge sind der Widerhall der Stimme Gottes. Die Wahrheit wird bestehen, und der Rest wird vergehen. Lieder, Bücher, Ideen, Freunde, ja selbst »Feinde« legen Zeugnis ab für Gottes Liebe. Du solltest daher jeden Tag etwas Zeit dafür reservieren, zu hören und zu schreiben. Deine Bereitschaft ist die einzige Voraussetzung, die zum Hören notwendig ist.

5. *Nimm die Antwort an!* Vielleicht bekommst du nicht die Antwort, die du dir wünschst, doch es wird die richtige sein. Du mußt Geduld haben. Die Antwort wird zur richtigen Zeit kommen. Du solltest über die Botschaft oder denjenigen, der die Botschaft überbringt, nicht urteilen und solltest ein Zeichen geben, daß du die Antwort annimmst, indem du auf sie reagierst. Die Antwort ist immer eine Art von Vergebung für dich selbst und für andere.

6. *Eine einzige Stimme.* Die wahre innere Stimme ist denjenigen, die ein Verlangen nach der Wahrheit haben, immer bekannt. Es ist die feine leise Stimme, die von Liebe und Frieden spricht. Es ist

überhaupt nicht nötig, sich von der Illusion vieler verschiedener Stimmen verwirren zu lassen.

7. *Im Zweifel: Weiterhören!* Wenn die Wahrheit im tiefsten Inneren zu dir kommt, wirst du es immer merken. Du wirst den Frieden spüren und sagen: »Natürlich!« Wenn du verwirrt bist und voller Angst und Zweifel, mußt du immer wieder in dich hineinhören. Alle Verwirrungen sind dein eigenes Produkt, du brauchst sie nur loszulassen.

8. *Wenn du zufrieden bist, mach weiter!* Du mußt deine innere Stimme nicht für alles um Erlaubnis bitten. Das würde eher von Angst als von Vertrauen zeugen. Du mußt vielmehr ein Verlangen danach entwickeln, den Willen Gottes zu tun und ganz wach zu sein. Deine Frage soll immer lauten: »Was bedeutet das?« Sobald dein Friede gestört ist, solltest du innehalten, um Rat fragen und niemals etwas erzwingen wollen. Du solltest deinen Willen mit dem Willen Gottes vereinigen.

9. *Höre, um dich zu vergewissern!* Der Sinn des Hörens ist der Friede. Du solltest hören, um zu erfahren, was getan wird, und nicht nur, um herauszubekommen, was du tun sollst. Wenn du übellaunig bist, liegt das nur daran, daß deine Wahrnehmung gestört ist. Alles ist im Grunde gut.

10. *Tägliche Hingabe*. Um gut hören zu können, mußt du den Wunsch haben, deine Wahrnehmung der Welt zu verändern. Du mußt für deine gegenwärtigen Wahrnehmungen die Verantwortung übernehmen und gleichzeitig bereit sein, in Zukunft anders zu sehen. »Ein Kurs in Wundern« stellt alles notwendige Wissen dazu bereit. Das Ziel dieses Werkes ist es, dir die Gegenwart eines Lehrers bewußt zu machen, den du allzeit in Form der inneren Stimme, die dich führt, bei dir hast.